Walter Homolka, Jonas Fegert, Jo Frank (Hg.)

»Weil ich hier leben will …«

W0052117

עשר שנים **2009**
ZEHN JAHRE 2019

ELES **Ernst Ludwig Ehrlich**
Studienwerk

Walter Homolka,
Jonas Fegert, Jo Frank (Hg.)

»Weil ich hier leben will ...«

Jüdische Stimmen
zur Zukunft Deutschlands
und Europas

HERDER

FREIBURG · BASEL · WIEN

Diese Publikation wurde durch die Unterstützung der Leo Baeck Foundation ermöglicht.

LEO BAECK
FOUNDATION

MIX
Papier aus verantwor-
tungsvollen Quellen
FSC
www.fsc.org   FSC® C083411

Redaktionelle Mitarbeit: Annett Peschel

© Verlag Herder GmbH, Freiburg im Breisgau 2018
Alle Rechte vorbehalten
www.herder.de

Satz: post scriptum, Vogtsburg-Burkheim
Herstellung: CPI books GmbH, Leck

Printed in Germany

ISBN Print 978-3-451-38287-1
ISBN E-Book 978-3-451-81448-8

Inhalt

Vorwort

Rabbiner Prof. Walter Homolka, Jo Frank, Jonas Fegert

»Weil ich hier leben will ...« *Jüdische Stimmen zur Zukunft Deutschlands und Europas* erscheint in einer Phase der Umbrüche: Die politische Lage in der Bundesrepublik und vielen Teilen Europas ist noch komplexer und unübersichtlicher geworden. Im Zuge des Niedergangs der Sowjetunion, der Europäisierungs- und Migrationsprozesse hat sich seit Ende der 1980er-Jahre nicht nur die Bedeutung der Nationalstaaten, sondern auch das Selbstbild der Bundesrepublik gewandelt. Von diesen Entwicklungen ebenfalls berührt, durchlief die jüdische Gemeinschaft in Deutschland in den vergangenen dreißig Jahren einen grundlegenden Wandel: Zu einer kleinen Gruppe sogenannter »Alteingesessener« gesellten sich zwei »neue« Gruppen. Aus den Nachfolgestaaten der Sowjetunion kamen in den 1990er-Jahren über 212 000 Jüdinnen und Juden als sogenannte »Kontingentflüchtlinge« nach Deutschland. So wuchs die jüdische Gemeinschaft binnen kürzester Zeit in Deutschland auf ein Zehnfaches an. Nicht nur aufgrund der Quantität dieses Migrationsprozesses veränderte die postsowjetisch-jüdische Einwanderung die jüdische Gemeinschaft nachhaltig. Mit dieser Einwanderung kam ein breites Spektrum jüdischer Geschichten, die alle Ebenen des jüdischen Lebens tangieren sollten und die die Gemeinschaft bis heute prägen. Diese »neue« Gruppe von Jüdinnen und Juden, die heute die Mehrheit der jüdischen Gemeinschaft in Deutschland

bildet, brachte kulturell, politisch und religiös eine neue Vielfalt nach Deutschland. Seit Anfang der 2000er-Jahre ist es zu einer weiteren Migrationsbewegung gekommen, zum Zuzug von Israelis nach Deutschland, vornehmlich nach Berlin. Galt Deutschland nach dem nationalsozialistischen Massenmord lange Zeit weltweit als ein »Unort« für jüdisches Leben, machten sich in den zurückliegenden dreißig Jahren erstmals nach der Schoah Jüdinnen und Juden bewusst auf den Weg, um in diesem Land Fuß zu fassen. Viele derer, die in dieser Zeit in die Bundesrepublik kamen, hatten in der ehemaligen Sowjetunion ihre jüdische Identität nicht ausleben können – wo die ethnische Zugehörigkeit zur jüdischen Gemeinschaft im sowjetischen Pass mit dem Eintrag »Jewrej« markiert war und Juden unter Stigmatisierung und Verfolgung litten. Erst in Deutschland, welche Ironie der Geschichte, gab es für viele Jüdinnen und Juden die Möglichkeit, jüdische Identitäten kennenzulernen und zu leben. Der hiermit einhergehende positive Bezug zu Deutschland und den Möglichkeiten, die dieses Land den Einwanderer*innen versprach, steht im Kontrast zu dem Narrativ der Überlebenden, ihrer Kinder und Enkel. Während die postsowjetische Einwanderung vielen Jüdinnen und Juden das Leben in Deutschland ermöglichte, für die die Schoah kein wesentlicher biografischer Bezugspunkt war, war die Schoah für viele der »Alteingesessenen« nichts Abstraktes, sondern ein wesentlicher Teil ihrer Identität – sei es durch die Erinnerung an ermordete Verwandte oder die Alltagsfragen, was der Lehrer oder die Erzieherin, die Nachbarin oder der Bäcker im Nationalsozialismus getan hatten. Die Vernichtung des europäischen Judentums hatte viele Dimensionen, die in die Bunderepublik fortwirkten – auch durch die Identitätskonstruktionen der deutschen Nachkriegsgesellschaft, für die Jüdinnen und Juden in erster Linie durch das Prisma der Schoah betrachtet wurden.

In diesem Band schreiben Enkelinnen und Enkel von Überlebenden wie Opfern der Schoah sowie nach Deutschland in den 1990er-Jahren eingewanderte Jüdinnen und Juden. Sie kommen zusammen im Ernst Ludwig Ehrlich Studienwerk, dem Begabtenförderwerk der jüdischen Gemeinschaft in Deutschland.

Das 2008 gegründete und nach dem deutsch-jüdischen Religionsphilosophen Ernst Ludwig Ehrlich sel. A. (1921–2007) benannte Begabtenförderungswerk schuf – erstmalig in Europa nach der Schoah – einen Ort für eine neue jüdische Intellektualität; einen Ort jüdischen Lebens, der von Beginn an verschiedene jüdische religiöse und kulturelle Lebensentwürfe begleitet und fördert. In den ersten zehn Jahren seines Bestehens hat das Ernst Ludwig Ehrlich Studienwerk über 650 Studierende und Promovierende aller Fachrichtungen unterstützen können. Vergegenwärtigt man sich, was die persönliche Betreuung, der inhaltliche Austausch und die finanzielle Unterstützung für eine einzelne Person bedeuten kann, so sind 650 Stipendiat*innen eine eindrucksvolle Anzahl. Die Gruppe ist dabei nicht repräsentativ für das jüdische Gemeindeleben in Deutschland: Schon ihre Jugendlichkeit unterscheidet sie von den überalterten Gemeindestrukturen. Auch der akademische Anspruch und die religiöse

Diversität sind Alleinstellungsmerkmale. Diese Exklusivität macht das Studienwerk zu einem Impulsgeber für ein modernes Judentum in Deutschland: Im Rahmen des Studienwerks können Positionen von ungeheurer Aktualität für die jüdische Gemeinschaft und die Gesamtgesellschaft entwickelt, diskutiert und veröffentlicht werden. Die Stipendiat*innen haben sich (Frei-)Räume erarbeitet, in denen sie – jenseits vorgefestigter Ansprüche und Vorstellungen – Themen setzen und neue Konzepte für deren Umsetzung entwickeln können. In Projekten wie *DAGESH*, der Künstler*innenförderung des Studienwerks, und unserem erfolgreichen Programm *Dialogperspektiven. Religionen und Weltanschauungen im Gespräch* können sie auf eine Infrastruktur zurückgreifen, die sie dabei unterstützt, ihre Positionen in die Gesellschaft zu tragen. Die Stipendiat*innen und Ehemaligen des Ernst Ludwig Ehrlich Studienwerks bilden damit nicht nur als Autor*innen des vorliegenden Sammelbandes, sondern auch als aktiv Gestaltende des jüdischen Lebens in Gemeinden und Institutionen die Pluralität der jüdischen Gemeinschaft und der in ihr vertretenen Positionen und Lebensentwürfe ab.

Das Ernst Ludwig Ehrlich Studienwerk selbst steht auf seine Weise für die dynamische Veränderung der jüdischen Gemeinschaft in Deutschland und ihrer Institutionen. In den letzten dreißig Jahren sind nämlich wesentliche Institutionen jüdischer Zivilgesellschaft in der Bundesrepublik entstanden und gewachsen, die die Vielfalt jüdischen Lebens in Deutschland und Europa widerspiegeln. Ob es die erste Ausbildungsstätte für Rabbinerinnen und Rabbiner seit der Schoah – das Abraham Geiger Kolleg an der Universität Potsdam –, das Kompetenzzentrum der Zentralwohlfahrtsstelle der Juden in Deutschland, die Europäische Janusz Korczak Akademie oder eben das Ernst Ludwig Ehrlich Studienwerk ist: die jüdische Zivilgesellschaft ist heute so vielfältig und so stark wie nie.

»Weil ich hier leben will ...« Jüdische Stimmen zur Zukunft Deutschlands und Europas erscheint zum zehnjährigen Bestehen des Ernst Ludwig Ehrlich Studienwerks und wird zum *Jüdischen Zukunftskongress* im November 2018 in Berlin vorgestellt. Bei dem Buch handelt es sich um weitaus mehr als eine spannende Momentaufnahme. Der Band bildet die Positionen ab, die sich in den vergangenen zehn Jahren durch die Arbeit und im Umfeld des Studienwerks entwickelt haben. Die Autor*innen schreiben gegen altbewährte Klischees und Voreingenommenheiten an. Dies hat Auswirkungen auf die Wahrnehmung vieler Themen, die sowohl die jüdische Gemeinschaft als auch die deutsche Gesamtgesellschaft im Kern betreffen: Gibt es im 21. Jahrhundert so etwas wie ein »deutsches Judentum«? Kann das Reden von einer jüdischen Renaissance sinnvoll sein, wenn sich Jüdinnen und Juden heute ganz neu und in Abgrenzung zu alten Bildern und Vorstellungen definieren? Was bedeutet es für Deutschland, wenn sich Jüdinnen und Juden mit anderen religiösen, ethnischen und kulturellen Minderheiten solidarisieren? Wie begegnet diese neue jüdische Gemeinschaft dem Rechtsruck in Europa? Wie reflektiert sie Migration und Flucht aus jü-

discher Perspektive? Und auf das Studienwerk bezogen: Was könnten zehn Jahre nach der Gründung Zukunftsperspektiven für sein Arbeiten sein?

Hierbei sind die Auslassungspunkte im Titel entscheidend, denn die Autor*innen haben eigene Vorstellungen und Wünsche, in welche Richtung sich jüdisches Leben und die Gesellschaft in Deutschland und Europa entwickeln soll. Die Autor*innen stellen auf ganz unterschiedliche Weise die Frage, ob und wie es sich in Deutschland und Europa in Anbetracht dramatischer demografischer, sozialer und politischer Verschiebungen als Jüdinnen und Juden leben lässt. Die Aushandlungsprozesse, die die heutigen jüdischen Gemeinschaften prägen, sind dabei nicht nur für sie selbst, sondern auch für die Gesellschaft als Ganzes relevant: Sie werfen die Frage auf, wie mit der neuen Vielfalt umzugehen ist, und zeigen, wie unterschiedliche Narrative über Vergangenheit, Gegenwart und Zukunft nicht nur nebeneinander, sondern auch miteinander stehen und anerkannt werden können. Dabei entscheidend ist der Gestaltungswille der Autor*innen: Sie wollen dieses Land, Europa und die jüdische Gemeinschaft gestalten.

Als Herausgeber sprechen wir mit dem Wegbereiter des *Jüdischen Zukunftskongresses*, Bürgermeister und Senator für Kultur und Europa in Berlin Klaus Lederer. Im Gespräch mit Rabbiner Walter Homolka, »Zwischen Vielfalt und Vielfaltsverteidigung«, erklärt Senator Klaus Lederer die Motive für seinen Einsatz für die jüdische Gemeinschaft in Deutschland und für ein Leben der Vielfalt in Berlin.

Rabbiner Prof. Walter Homolka, Jo Frank, Jonas Fegert

Im ersten Beitrag knüpft Olga Osadtschy durch eine persönliche Standortbestimmung an die geschilderte Ausgangslage an und führt zugleich in die Thematik ein. Dabei erörtert sie, wo sich neben »Ukraine, Russland, USA, Israel« das »Land der Gartenzwerge« einsortiert, und zeigt am eigenen Beispiel, wie sich eine jüdische Identität zwischen den verschiedenen nationalen Zuschreibungen herausbilden kann.

Carmen Reichert geht in ihrem Beitrag explizit auf ihre Erfahrungen im Ernst Ludwig Ehrlich Studienwerk ein. Sie beschreibt, wie sie als nichtjüdische Stipendiatin die Institution erlebte und weshalb sie begann, sich für das Studienwerk und die jüdische Gemeinschaft zu engagieren. Dabei thematisiert sie auch Vorurteile über Jüdinnen und Juden und unterschiedliche Formen des Antisemitismus, auch in Form von Philosemitismus.

Yair Haendler und Cecilia Haendler reflektieren ihr Leben in Deutschland im Kontext ihres Lebens zwischen Frankreich, Israel, Italien und Deutschland. Als modern-orthodoxes Ehepaar beschreiben sie ihren Lebensweg und fragen nach internationalen Perspektiven jüdischen Lebens in Deutschland und Europa.

Igor Mitchnik verweist in »Patchwork-Judentum« nicht nur auf Fragen, die Jüdinnen und Juden hierzulande betreffen, sondern diskutiert auch – politisch höchst aktuell –, inwiefern die Bundesrepublik Migrant*innen einen Platz in der Gesellschaft gewährt.

Auch Greta Zelener zeichnet in »Von unserer Aufgabe, die Hand auszustrecken« ihre eigene Migrationsgeschichte nach und geht auf Herausforderungen für das jüdische Leben in Deutschland ein. Sie legt dar, wie jüdische Bildungsorganisationen im Sinne eines neuen Miteinanders auf Antisemitismus reagieren können.

In »Modern Orthodox, Masorti, Liberal, Reform, Säkular – Aufbruch zu gelebtem Pluralismus« präzisiert Benjamin Fischer, was sich hinter der in den vergangenen Jahren entstandenen religiösen jüdischen Vielfalt in Deutschland verbirgt. Er stellt die Frage, was gelebter Pluralismus bedeuten und ob von einem »deutsch-jüdischen Pluralismus« überhaupt die Rede sein kann.

Sandra Anusiewicz-Baer knüpft mit ihrem Beitrag »Perspektiven der jüdischen Bildungsarbeit: Jüdische (Schul-)Bildung und Identitätskonstruktionen« an ihre mit dem Humboldt-Preis ausgezeichnete Forschung zum Thema an. Die von ihr aufgezeigten Perspektiven regen zum Nachdenken darüber an, wie jüdische Traditionen in der Bildungsarbeit bewahrt werden können.

Meytal Rozental schreibt in ihrem Beitrag vielleicht *den* kennzeichnenden Satz zu Erinnerung und Erinnerungskultur für das gegenwärtige Israel: »Meine Großeltern haben ungern über ihre Vergangenheit gesprochen, und meine Eltern haben nicht nachgefragt.« Mit dieser Feststellung beginnt Meytal Rozental, ihre Geschichte, die Geschichte ihrer Familie nachzuzeichnen, bis sie bei sich und in der Gegenwart vieler Israelis in Deutschland ankommt. Zu dieser Gegenwart gehört die Frage der Repräsentanz unbedingt dazu: Sind alle Juden Repräsentant*innen Israels? Sind Israelis überhaupt Repräsentant*innen Israels? Meytal Rozental bezieht Stellung für ein anderes Bewusstsein und auch ein anderes Israel, von dem ihre Großetern träumten. Es ist ein wichtiger Beitrag für dieses Buch, der auch stellvertretend für die Spannung zwischen unbedingtem Bekenntnis zu Israel und dem unbedingten Gestaltungswillen Israels gelesen werden kann.

Tobias Herzberg problematisiert in »Macht es euch nicht zu einfach!« die Verwendung sozialer Kategorisierung. Er umreißt die politischen Herausforderungen unserer Zeit und macht sich als Antwort auf »Pegida, Donald Trump und AfD« für eine strategische Identitätspolitik stark, bei der sich Minderheiten miteinander solidarisieren und füreinander eintreten.

»Keine Juden mehr für Deutsche?«, fragt Max Czollek provokant. Dabei überprüft er das Begehren nichtjüdischer Deutscher nach Ritualen der Erinnerung und bestimmter »zahmer« Formen jüdischen Lebens. Zugleich zeigt er mit dem Konzept der »Desintegration« Jüdinnen und Juden einen alternativen Weg auf, mit diesen Erwartungen umzugehen.

So provokant sich Max Czolleks Beitrag in den Augen mancher lesen wird, so provokant ist sicherlich auch Yan Wissmans Beitrag: Anhand seiner Biografie macht er den Leser*innen nachvollziehbar, warum er sich für ein Leben in Deutschland entschied, was an Deutschland aus seiner Sicht besonders zu schätzen ist, und fordert Jüdinnen und Juden auf, sich stärker für die deutsche Gesellschaft zu engagieren – als deutsche Juden.

Auf den Streit zwischen zwei großen jüdischen Gelehrten, Hillel und Shammai, greift Hannah Peaceman in ihrem Plädoyer für mehr inner-jüdischen Dissens zurück.

Dies wird besonders anschaulich, wenn die Praktik der jüdischen Auseinandersetzung, *Machloket*, auf die politische Kultur Deutschlands übertragen wird. Hier wird die Frage gestellt: Was kann die Gesamtgesellschaft von jüdischen Traditionen lernen?

Frederek Musall, Beiratsmitglied des ELES, reflektiert die Arbeit des Studienwerks, ordnet sie in einen Gesamtkontext ein und skizziert seine Visionen und Wünsche für die Zukunft der jüdischen Gemeinschaft und von ELES. Dies geschieht in »Combined into One Frame. Ein Studienwerk als Bild einer Gemeinschaft« aus seiner Position des inhaltlichen Impulsgebers heraus.

Die Generation der Autorinnen und Autoren in dieser Sammlung steht heute für ein neues jüdisches Selbstbewusstsein und für neue Selbstbehauptung. Es wird deutlich, dass sich die Autor*innen einbringen möchten. Es wird gegen altbewährte Klischees und Voreingenommenheiten angeschrieben. Der Band fasst die Entwicklungen der letzten dreißig Jahre zusammen und weist hinaus auf die Zukunft einer Gemeinschaft, die sich in einem Prozess der Identitätsfindung neu definiert. Es entsteht das Bild eines lebendigen, vielfältigen jungen Judentums in Deutschland, das immer stärker Räume für sich innerhalb der Gesamtgesellschaft einfordert.

Pluralität ist eine der neuen Werte einer sich verändernden deutschen und europäischen Gesellschaft. Diese Pluralität ist dem Judentum seit jeher inhärent. Und in Anbetracht gesellschaftlicher Diskurse, in denen die Herausforderung der Pluralität immer an erster Stelle genannt wird, zeigt dieser Band für alle Leser*innen: Juden und Jüdinnen haben der Gesellschaft viel zu geben an Erfahrungen mit Pluralität. Dass zu dieser ein intensiver Streit gehört, das ist so selbstverständlich wie das Ziel, dass das Streiten zu einem Gelingen einer gemeinsamen Lebenswelt beitragen muss, soll der Streit fruchtbar und somit sinnvoll sein. Das *Machloket,* für das Hannah Peaceman in ihrem Beitrag plädiert, ist ein wesentliches Merkmal einer jüngeren Generation an Jüdinnen und Juden, die streiten, auch streitbar sein möchten. Aber alle Autor*innen dieses Bandes vereint der Wunsch, unsere gemeinsame deutsche und europäische Lebenswelt mitzugestalten, sie für alle lebenswerter zu machen.

Zehn Jahre nach der Gründung des Ernst Ludwig Ehrlich Studienwerks bewahrheitet sich der Satz, der unser Arbeiten prägt: »Eine Geschichte mit Zukunft«. »Weil ich hier leben will ...«, so könnte man diesen Satz nach dem Lesen der Beiträge vervollständigen, »gestalte ich die Zukunft mit«. Und von Ihnen, liebe Leserinnen und Leser, wünschen sich die Herausgeber, dass Sie bei der Gestaltung der Zukunft mitwirken – in der Gegenwart.

Zuletzt möchten die Herausgeber einen herzlichen Dank an den Herder-Verlag, zuvorderst vor allem an Dr. German Neundorfer, für die Zusammenarbeit richten, sowie an Annett Peschel für die redaktionelle Mitarbeit. Der Leo Baeck Foundation gebührt ein besonderer Dank für die Unterstützung dieser Publikation.

Berlin, im August 2018   *Die Herausgeber*

Hinführung:

Zwischen Vielfalt und Vielfaltsverteidigung –
Ein Gespräch zwischen Senator Dr. Klaus Lederer
und Rabbiner Prof. Walter Homolka

Das Buch »Weil ich hier leben will ...« Jüdische Stimmen
zur Zukunft Europas *vereint Beiträge einer Generation
junger Jüdinnen und Juden im Alter zwischen zwanzig und
vierzig Jahren. Sie schildern ihre Vorstellungen für das jüdische Leben in Gegenwart und vor allem Zukunft. Worin
unterscheidet sich diese Generation von anderen Generationen Jüdinnen und Juden in Deutschland?*

Rabbiner Homolka: Unterscheidet sie sich? Das ist die
Frage. Ich glaube, jede Generation hat eine besondere Herausforderung. Ich erinnere mich an das Buch von Peter
Sichrovsky, *Wir wissen nicht, was morgen wird, wir wissen
wohl, was gestern war. Junge Juden in Deutschland und Ös-
terreich*, das vor dem Fall der Mauer Aufsehen erregte.
Die Fragen, die man sich damals stellte, waren: Warum
bleibe ich in Deutschland, kann ich eine positive Perspektive für mein Leben hier gewinnen? Die Eltern und Großeltern der Jüdinnen und Juden, die im Band befragt wurden, waren teilweise in Deutschland »gestrandet«, hatten
den Absprung verpasst, wollten auswandern, sind dann
aber doch in Deutschland geblieben. Sie haben Familien
gegründet, Karrieren verfolgt und ein »normales« Leben
gelebt. Mit dem Fall der Mauer kamen alle möglichen
Anreize zu denken, dass sich im »neuen Deutschland«

etwas bewegt, und trotzdem gab es immer auch die Auseinandersetzung mit der Realität eines mehr oder weniger latenten Antisemitismus, der jüdisches Leben infrage stellte.

Was uns so bedrückt, ist, dass wir gedacht haben, es wäre eine grundlegend neue Sachlage eingetreten: dass Deutschland sich mit seiner Vergangenheit auseinandersetzt, dass es eine Erinnerungskultur entwickelt, dass ein Jüdisch-Sein in Deutschland fast normal erscheint. Ich kann mich noch entsinnen, wie es immer hieß: »Es ist jetzt endlich normalisiert«, und ehe man sich versieht, kommt dann doch wieder die Erinnerung: So normal ist das eben alles nicht. Insofern ist es spannend, jetzt wieder zu fragen, was diese jungen Menschen, diese jungen Jüdinnen und Juden, hier in Deutschland hält – und unter welchen Bedingungen sie eine Perspektive für sich sehen. Das ist ja immerhin eine Generation, der die Welt offensteht.

Die Autorinnen und Autoren nehmen in ihren Beiträgen auch eine Standortbestimmung vor und beschreiben, welche jüdischen Migrationsgruppen mit welchen unterschiedlichen Kulturen und religiösen Praxen in Deutschland aufeinandertreffen. Senator Lederer, ist die Vielfalt der Jüdinnen und Juden, die in Berlin leben, auch eine Herausforderung?

Senator Lederer: Für die Stadtgesellschaft ist sie ein riesengroßes Geschenk! Berlin ist die Stadt, in der der Holocaust geplant und ins Werk gesetzt worden ist. Wir haben durch die Tatsache, dass Antisemitismus als Staatsideologie zur Verfolgung, Vertreibung und Vernichtung des jüdischen Lebens in dieser Stadt geführt hat, einen unfassbaren Schatz an kulturellen Wurzeln verloren. Ich hänge keiner Illusion an, dass man die Zeit oder die Uhr zurückdrehen kann, aber allein die Tatsache, dass angeknüpft wird an abgeschnittene Geschichtsfäden, an Traditionsfäden dieser Stadtgesellschaft, dass versucht wird, jüdisches Leben in Berlin in Vielfalt und Buntheit neu zu etablieren, ist ein großer Gewinn.

Als 1989/90 die Mauer von der Oppositionsbewegung der DDR und von der Bevölkerung eingerissen wurde, habe ich jüdisches Leben wahrgenommen als das, was sich in den 1980er-Jahren zwischen SED-Führung einerseits und den verbliebenen jüdischen DDR-Bürgern andererseits entwickelt hat: Dass beispielsweise die Synagoge in der Oranienburger Straße wiederaufgebaut werden konnte, dass das *Centrum Judaicum* etabliert wurde, hatte natürlich auch etwas mit dem Streben der DDR nach internationaler Anerkennung zu tun, und das war 1989/90 vorbei. Auch in Ost-Berlin existierte eine jüdische Community, die ich allerdings als sehr säkularisiert in Erinnerung habe, soweit ich als junger Mensch das wahrnehmen konnte. Viele von ihnen verstanden ihre Geschichte mindestens auch als eine genuin antifaschistische. In den 1980er-Jahren hatte eine jüngere Generation der Ostberliner Gemeinde in der Gruppe »Wir für uns – Juden für Juden« mit der Suche nach der eigenen Identität begonnen. Nach 1990 entwickelte sich der Jüdische Kulturverein dann auch zum Anlaufpunkt für Jüdinnen und Juden aus Osteuropa. Sehr etabliert in der wiedervereinigten

Stadt war die »alteingesessene« Jüdische Gemeinde West-
berlins mit einer Verankerung und Einbindung ins Leben
der Stadt.

Dann aber passierte etwas Unfassbares: Diese Stadt,
die bestimmt, zehn, fünfzehn Jahre überhaupt damit
gehadert hatte, was sie eigentlich sei – Hauptstadt, Kul-
turstadt, Ost-West-Drehscheibe, Olympiastandort –, begann nach der Jahrtausendwende, ein pulsierendes Leben
zu führen, das eine große Anziehungskraft ausübte. Berlin hatte nicht nur einen großen Teil der bundesweit na-
hezu Viertelmillion sogenannter Kontingentflüchtlinge,
also Jüdinnen und Juden aus den ehemaligen Ländern
der Sowjetunion, aufgenommen. Jetzt wurde es auch für
viele Jüdinnen und Juden aus Israel ein Anziehungspunkt.
Beide Gruppen haben Berlin ganz bewusst als den Ort gewählt, an dem sie leben wollen. Insofern ist die heutige
Vielfalt jüdischen Lebens ein Glücksfall und belebt die
Stadt auf eine Art und Weise, von der man eigentlich nur
träumen konnte angesichts der Geschichte unserer Stadt
und der Geschichte unseres Landes. Eine völlig andere
Frage ist, vor welche erinnerungskulturellen Herausforderungen uns das stellt.

Homolka: Ich glaube, der Senator hat etwas herausge-
stellt, was wirklich zu der Herausforderung hinzukommt:
Diese unheimlichen Erwartungen, die die zugewander-
ten Jüdinnen und Juden an Deutschland hatten. Für sie
war die Ankunft hier sozusagen die Ankunft im Gelob-
ten Land, in dem man sich etablieren wollte. Da trat auch
für einen Moment die Geschichte Deutschlands und der

Schoah in den Hintergrund. Auch, weil die deutsche Politik sagte: »Wir haben die Vergangenheit bearbeitet – jetzt kommen sogar jüdische Menschen zu uns, die hier ihre Zukunft verbringen wollen!« Schaut man auf die vielen Herausforderungen, vor denen wir heute stehen, muss festgestellt werden, dass an der Vergangenheit zwar gearbeitet wird, von *be*arbeitet kann aber nicht die Rede sein. Hinzu kommt, dass die Generationen vor 1989, die hier aufgewachsen sind und die auch teilweise Verfolgte des NS-Regimes waren, eine ganz und gar andere Perspektive auf das Leben in Deutschland und auf ihr Leben als Jüdinnen und Juden in Deutschland hatten. Das macht dieses Buch aber auch so unwahrscheinlich wichtig: Wir hören hier Stimmen aus einer großen Vielfalt der jüdischen Gemeinschaft: von postsowjetischen und postmigrantischen Stimmen, von israelischen, deutschen – und dies verbindet sie – jüdischen Stimmen der Gegenwart.

Die Arbeit des Ernst Ludwig Ehrlich Studienwerks *zeigt, wie stark junge Jüdinnen und Juden in den letzten Jahren mit Identitätsfragen beschäftigt waren. In den vorliegenden Beiträgen lässt sich der unbedingte Wille zur Mitgestaltung feststellen: Es werden Vorschläge unterbreitet, wie jüdische Positionen in die Gesellschaft wirken können. Senator Lederer, wo könnte das Land Erfahrungen und Kompetenzen jüdischer Menschen brauchen?*

Lederer: Grundsätzlich unterscheide ich nicht zwischen jüdischen und nichtjüdischen Menschen hierzulande, wenn es um Kompetenzen geht und um die Art und Weise, sich einzubringen. Vielmehr erhebe ich den Anspruch, dass alle gleichermaßen, gleich welcher Herkunft, welcher Ethnie, welchen Glaubens, die Chance haben, sich an unserer Gesellschaft zu beteiligen und sich in ihr zu entfalten. Die Vielfalt unserer Gesellschaft ist eben eine Chance, weil aus ihr etwas Neues erwächst. Eine Vielfalt, die natürlich voraussetzt, dass diejenigen, die sich einbringen wollen, dies aus einem Standpunkt heraus tun, den sie für sich selbst gefunden haben.

Wenn wir uns als Stadt Berlin heute unserer Weltoffenheit, unserer Freiheit rühmen, wird das oft als Stadtmarketing abgetan, ohne dabei zu beachten, dass Berlin – und nicht Gesamtdeutschland – in gewisser Weise auch deswegen ein Hotspot der Vielfalt ist, weil Menschen, die es woanders nicht aushalten, sich nach Berlin bewegen. Ich kann das aus der Perspektive von queeren Menschen sagen, die zum Teil vom Land regelrecht geflohen sind, um in der Stadt das Leben leben zu können, das sie leben möchten. Insofern ist die Frage, und das ist auch der Lackmustest: Wie stabil sind eigentlich diese Vielfalt und diese Freiheit, derer wir uns so rühmen? Es gab ein Momentum in der deutschen Geschichte, in dem schien der Umgang mit der Vergangenheit geklärt zu sein, da schien das Erinnerungsnarrativ eindeutig zu sein, da war die Frage des Bekenntnisses zum jüdischen Leben in Deutschland genauso wie das Bekenntnis zum Existenzrecht des Staates Israels unangefochten. In den 1980er-Jahren hatte man einen relativ klaren Kanon erinnerungskultureller Bekenntnisse, und man hatte vermutlich – aber das vermögen andere besser einzuschätzen – auch ein weitgehend einheitliches Erinnerungsnarrativ der jüdischen Gemeinschaft in Deutschland. Heute blicken wir auf eine Einwanderungs- und Migrationsgesellschaft, in der schon die Vielfalt der Narrative innerhalb der jüdischen Gemeinschaft viel größer und bunter geworden ist, weil jemand in dritter oder vierter Generation als jüdischer Mensch aus Osteuropa Geschichte vielleicht ganz anders vermittelt und erzählt bekommen hat als das Kind und Kindeskind der alteingesessenen Hiesigen oder derjenigen, die nach Palästina ausgewandert oder vor den Nazis geflüchtet sind. Und auch hierzulande hat man eben nicht mehr nur die homogene deutsche Mehrheitsgesellschaft mit einem Erinnerungskanon, sondern auch die zweite und dritte Generation der Eingewanderten aus der Türkei, aus osteuropäischen oder aus arabischen Ländern, die wiederum ganz andere Narrative mitbringen. In dieser Vielfalt bewegen wir uns, und sie stellt die Erinnerungskultur noch einmal vor ganz neue Herausforderungen, und genauso stellt sie die Vielfalts*verteidigung* vor neue Herausforderungen.

Homolka: Wir haben als jüdische Gemeinschaft lange in einer Art geistig-intellektuellem Ghetto gewohnt. Der Drang, politisch, gesamtgesellschaftlich engagiert zu sein, war gar nicht so ausgeprägt. Da ging es vornehmlich um die Frage, ob man hierbleibt. Doch eigentlich waren die größeren gesellschaftlichen Zusammenhänge das Problem der Deutschen, nicht das Problem der jüdischen Gemeinschaft. Jetzt haben wir es geschafft, dass erstmals junge Jüdinnen und Juden sagen: Ja, das ist auch meine Gesellschaft und ich möchte sie gestalten! Ich möchte in Deutschland leben, aber dieses Deutschland möchte ich auch mitgestalten. Das ist ein Riesenschritt nach vorne, auch weil es ein gewisses Zutrauen in diese Gesellschaft dokumentiert, und wenn wir diese jungen Menschen jetzt enttäuschen, dann erleiden wir wirklich einen großen Verlust. Deswegen kämpfe ich dafür, dass wir möglichst viele bei der Stange halten und sagen, dass es sinnvoll ist, sich hier zu engagieren! Wir können etwas verändern, und nicht nur für uns als Jüdinnen und Juden!

Das Einzige, was wie eine schwarze Wolke über den jungen Leuten schwebt sind der Antisemitismus und die Ressentiments, die sich kaum verbinden lassen mit der Erfahrung dieses weltoffenen Berlins.

Die AfD erreichte bei der Bundestagswahl 2018 einen Stimmanteil von 12,6 Prozent und zwei Jahre zuvor bei den Berliner Abgeordnetenhauswahlen 14,6 Prozent. Antisemitismus und antimuslimischer Rassismus scheinen salonfähig geworden zu sein. Braucht es neue Allianzen oder Solidaritäten, wie sie unter anderem Max Czollek und Prof. Frederek Musall in ihrem Beitrag fordern, um sich dieser Entwicklung entgegenzustellen?

Lederer: Wir können ja den Heitmeyer-Studien (Anm. der Red.: gemeint ist die Langzeitstudie »Deutsche Zustände«, die zwischen 2002 und 2011 unter der Leitung des Pädagogikprofessors Wilhelm Heitmeyer durchgeführt wurde) und den »Mitte«-Studien der Leipziger Universität (Anm. der Red.: Langzeituntersuchung zur rechtsextremen und antidemokratischen Einstellung in Deutschland seit 2002) entnehmen, dass Antisemitismus tatsächlich eine Konstante in der deutschen Mehrheitsgesellschaft war und ist, stabil über Jahrzehnte hinweg, und dass Antisemitismus niemals verschwunden war. Was sich verändert hat – und das hat sicherlich eine ganze Reihe von Gründen –, ist, dass sich die Grenzen des Sagbaren innerhalb der Mehrheitsgesellschaft wieder verschoben haben. Eine Äußerung, die das Holocaust-Mahnmal zu einer Schande im Herzen der Hauptstadt erklärt, wäre vor fünf oder zehn Jahren undenkbar gewesen. Äußerungen, wie man sie von AfD-Politiker*innen heute hört, konnte man früher an Stammtischen hören. Jetzt liest man sie in der Zeitung, weil sie inzwischen aufgenommen und abgedruckt werden, aber noch nicht mal durch sauberen Journalismus adäquat infrage gestellt werden in einer Mediengesellschaft, die sich für extrem kritisch und aufgeklärt hält.

Es braucht unter solchen Bedingungen neue Allianzen, die auch das *Ernst Ludwig Ehrlich Studienwerk* initiiert und die die Suche nach einem neuen gemeinsamen Kanon der Erinnerung und der zu verteidigenden Werte vorantreiben, die anknüpfungsfähig sind an Grundwerte einer freiheitlichen Demokratie – die man im Übrigen nicht in irgendwelchen Gesinnungen findet, sondern im Grundgesetz. Um diese Vielfalt zu erhalten, ist es zwingend nötig, dass allen bewusst ist: Wenn es den ersten Gruppen an den Kragen geht, steht außer Frage, dass es im Rahmen einer um sich greifenden gruppenbezogenen Menschenfeindlichkeit den zweiten und den dritten ebenfalls an den Kragen gehen wird. Alle, die das wissen und ahnen, müssen ein Interesse an diesen neuen Allianzen haben, denn, wenn man mal genauer hinsieht, gibt es auch die Mehrheitsgesellschaft so eigentlich schon lange nicht mehr, denn auch sie speist sich aus unterschiedlichsten Quellen. Sicherlich werden queere Menschen anders an diese Frage herangehen oder sind in der Tendenz anders erreichbar für die Belange anderer strukturell Diskriminierter oder potenziell struktureller Diskriminierung ausgesetzter Gruppen von Menschen, als es solche sind, die sich früher als Privilegierte empfunden haben und die heute einfach nur in Sorge sind, dass ihnen diese Privilegien flöten gehen – zum Teil ja auch eine irrationale Sorge. Aber auch das ist nur eine Tendenz, denn auch strukturell Diskriminierte können Ressentiments in sich tragen und reproduzieren, sie sind ja nicht die besseren Menschen.

Was halten Sie, Rabbiner Homolka, von der Vereinnahmung der jüdischen Gemeinschaft durch die AfD? Muss sich die jüdische Gemeinschaft auch mit eigenen Ressentiments beschäftigen?

Homolka: Dass die bereits vom Senator erwähnten revisionistischen Thesen, die die Partei offen vertritt, nicht im Sinne der jüdischen Gemeinschaft sind, muss deutlich herausgearbeitet werden. Die Partei versucht sich Jüdinnen und Juden gegenüber anzubiedern, indem sie Aktionen wie »AfD trägt Kippa« organisiert und sich als Freund des Staates Israel inszeniert. Hier dürfen sich jüdische Gemeinden nicht blenden oder vereinnahmen lassen. Ich finde, dass sich der Präsident des Zentralrats der Juden, Josef Schuster, hierhingehend bereits sehr gut positioniert hat. Es sind auch in der jüdischen Gemeinschaft AfD-Wählerinnen und Wähler zu finden und oftmals haben diese Personen Angst vor einem Antisemitismus unter Migranten. Welche Optionen haben wir da? Die *Union Progressiver Juden in Deutschland* hat sich mit dem *Zentralrat der Muslime* zusammengetan und ist mit syrischen und irakischen Geflüchteten nach Auschwitz gefahren. Ich glaube, man muss eben diese Allianzen zwischen verschiedenen muslimischen und jüdischen Akteur*innen wagen, weil uns gar nichts anderes übrigbleibt. Die Haltung, mit dem Finger zu zeigen und zu sagen, die Muslime erzeugen Probleme, könnte zu der Situation führen, die man in Anlehnung an Worte von Martin Niemöller so beschreiben kann: Erst holten sie die einen, da habe ich geschwiegen, dann holten sie die anderen, da habe ich auch geschwiegen, und als sie dann mich geholt haben, da war keiner mehr da, der protestieren konnte. Wir müssen wirklich versuchen, aufeinander zuzugehen.

Warum habe ich da ein gewisses Zutrauen? Weil schon vor der sogenannten Flüchtlingskrise die beiden Studienwerke, das *Ernst Ludwig Ehrlich Studienwerk* für die jüdische Gemeinschaft und das *Avicenna-Studienwerk* für die Muslime eine hervorragende Zusammenarbeit geschafft haben. Es handelt sich um kleine Gruppen, aber dass man es auf einer geistigen, emotionalen und intellektuellen Ebene geschafft hat, sich kennenzulernen, und sogar ein Verständnis davon entwickelt, dass Muslime und Juden ganz gut zusammenpassen, ist schon viel wert.

Hinführung

Senator Lederer, welche Rolle spielt jüdische Kultur für Berlin beziehungsweise weshalb gibt es eigentlich ein so großes Interesse der Berlinerinnen und Berliner für israelische und jüdische Kultur?

Lederer: Das hängt damit zusammen, dass es zunehmend als künstlich erscheint, eine Gegenüberstellung zwischen »den Berlinerinnen und Berlinern« und »den Jüdinnen und Juden in Berlin« zu konstruieren. Dieses Interesse ist inzwischen vielleicht nicht einmal zuerst ein Interesse an explizit jüdischer Kunst. Es ist ein Interesse an qualitativ hochwertiger Kunst, und die wird heute von den unterschiedlichsten Beteiligten erzeugt. Für diejenigen, die sich für Kunst mit politischen Reflexionsinhalten interessieren, sind Werke, die sich aus dem Aufeinanderprallen von verschiedenen Sichten oder Narrativen entwickeln, besonders interessant. Natürlich ist es spannend, wenn ein Theater wie das Maxim-Gorki-Theater Fragen gesellschaftlicher Diversität sowie Fragen gesellschaftlicher Partizipation auf künstlerische Art und Weise stellt und sich damit ja auch einem Homogenitätsdenken entgegenwirft, was in Krisenzeiten Gesellschaften sehr schnell zu durchdringen droht: *die* Deutschen, *die* Juden, *die* Muslime, *die* Polen, die dieses, die jenes.

Das heißt, wenn du in ein Theaterstück gehst, ob du es im Gorki-Theater machst oder ob du in eine Einrichtung der freien Szene gehst, wo beispielsweise eine israelische Band auftritt, oder ob du in eine Galerie gehst, wo Menschen ausstellen, die hier seit zehn oder fünfzehn Jahren wohnen, vielleicht sogar schon länger, dann ist das zunehmend eine Berliner Normalität. Ich glaube, das ist auch das, was es hier so gleichzeitig selbstverständlich und alltäglich wie eben auch spannend macht. Aus dem Zusammentreffen der Widersprüchlichkeiten, bei der künstlerischen Verarbeitung der unterschiedlichsten Erfahrungen erwächst immer gewinnbringendes Neues. Die Berliner Kulturszene profitiert enorm davon, dass Berlin genau der Ort ist, an dem so etwas aufeinandertreffen, sich gegenseitig befruchten und weiterentwickeln kann.

Rabbiner Homolka, Sie sind seit nunmehr fast zwanzig Jahren im internationalen Austausch mit anderen jüdischen Gemeinschaften weltweit tätig: Welche Dimensionen jüdischen Lebens werden das internationale Image der jüdischen Gemeinschaft in Deutschland prägen?

Homolka: Klar ist, dass Jüdinnen und Juden, die sich für Deutschland entschieden haben, längst nicht mehr als drittklassig abgetan werden, sondern als Partner wahrgenommen werden – auch von israelischer Seite. Es gibt aber doch ein unterschiedliches Verständnis von Zugehörigkeit und religionsgesetzlichen Statusfragen: Für die mehrheitlich progressiven amerikanischen Juden stellt sich die Frage, warum wir hierzulande patrilineale Jüdinnen und Juden – also Kinder jüdischer Väter – außen vorlassen. Immerhin betrifft das den Großteil der russischsprachigen Zuwanderer jüdischer Herkunft. Gerade für säkulare jüdische Israelis ist oft nicht nachvollziehbar, dass wir Jüdischsein zunächst über die Zugehörigkeit zu einer Synagogengemeinde definieren. Immer wieder hört man, dass die deutsche Staatsraison und die finanzielle Unterstützung der jüdischen Gemeinschaft durch den Staat uns eine Infrastruktur bieten, die so etwas wie einen neutralen Ermächtigungsraum schafft. Modelle wie die Einheitsgemeinde, die unterschiedliche Denominationen unter einem Verwaltungsdach vereint, und die prinzipielle Gleichstellung von orthodoxem und liberalem Judentum werden als Besonderheit und große Chance wahrgenommen. Und wir dürfen nicht die Wirkkraft der unterschiedlichen Rabbinerseminare in Berlin, Potsdam und Hamburg unterschätzen. Diese auch ideelle Konsolidierung findet viel Beachtung.

Beim Jüdischen Zukunftskongress *stellt sich ja ganz klar die Frage nach der jüdischen Gemeinschaft in Deutschland. Die andere Frage, die der* Zukunftskongress *stellt, ist die Frage nach der Zukunft der Erinnerungskultur. Viele Erinnerungskulturen und -diskurse, die fest etabliert waren, stehen heute anders als früher zu Verfügung oder sogar grundsätzlich zur Diskussion. Es scheint zurzeit nicht vermittelt zu sein, zwischen den Diskussionen innerhalb der jüdischen Gemeinschaft einerseits und dann hin zur nichtjüdischen Gesellschaft andererseits. Wo würden Sie Räume sehen, in denen eine gemeinsame Aushandlung stattfinden kann?*

Lederer: Ich erinnere mich an eine erste Diskussion über diese Thematik Anfang 2017. Der Rabbiner und ich sprachen über die derzeit in der Gesellschaft stattfindenden Umdefinitionsprozesse im Kanon des erinnerungskulturell Sagbaren. Rabbiner Homolka erzählte mir seinerseits von einer nicht ganz einfachen Diskussion innerhalb der jüdischen Gemeinschaft, in der ganz unterschiedliche Blickweisen auch auf Geschichte nicht nur durch die Fragen der dritten oder vierten Generation erzeugt werden. Es macht sicherlich auch einen Unterschied aus, ob man postsowjetische Diskurse, die israelischen Erinnerungsdiskurse oder die hierzulande entwickelten Erinnerungsdiskurse der jüdischen Gemeinschaft mitbringt.

Wir haben im Gespräch überlegt, was wir tun könnten, wenn ein solches Datum bevorsteht wie der 80. Jahrestag der Reichspogromnacht im Jahr 2018. Kann man eigentlich in einer Stadt wie Berlin das »normale« Programm abfahren – ich sage das jetzt mal bewusst so zugespitzt –, das zu solchen Anlässen staatlicherseits gewöhnlich passiert? Das besteht traditionell aus Gedenkakten, Kranzniederlegung und Erinnerungsmomenten des Innehaltens. Wir müssen jedoch die Frage stellen: Wen erreichen wir damit noch mit dem Kopf und dem Herzen?

Die Idee, einen Zukunftskongress zu machen, ist eigentlich genau daraus erwachsen, dass wir gesagt haben: Es wäre doch viel wirkungsvoller, ein Podium, einen Raum, ein Forum anzubieten, an dem sich möglichst viele Organisationen beteiligen, die einerseits die jüdische Gemeinschaft in ihrer Vielfalt repräsentieren, die aber auch die Mehrheitsgesellschaft oder die traditionellen Institutionen unserer Stadt oder sich genau am Schnittpunkt dazwischen befinden, wie beispielsweise das *Centrum Judaicum*, das eigentlich eine öffentliche Einrichtung ist, aber auch »das Gedächtnis« der Jüdischen Gemeinde darstellt. Und dann wollen wir auch die verschiedenen Felder zusammenzubringen: Kultur, Wissenschaft, Bildung, Religionsverständnis. Der jüdische Zukunftskongress ist aus meiner Sicht genau so ein Ort, an dem wir versuchen zu sagen: Ja, wir müssen zurückschauen, ja, wir müssen über Erinnerungskultur und Narrative diskutieren, ja, wir müssen auch darüber diskutieren, was es eigentlich bedeutet, dass die deutsche Gesellschaft von heute nicht mehr die deutsche Gesellschaft von vor siebzig Jahren ist, und dass wir heute mit großer Selbstverständlichkeit Deutsch-Türken, Deutsch-Libanesen, Deutsch-Syrer, Deutsch-Pakistaner, Deutsch-Polen haben. Indem wir versuchen, einen Ort zu schaffen, an dem unterschiedliche Sichtweisen aufeinandertreffen können, und zwar durchaus auch in aller Schärfe und Härte, aber mit großem Respekt voreinander. Und das tun wir in der Hoffnung, dass aus einer richtigen Auseinandersetzung wechselseitig neue Einsichten gewonnen werden können oder auch Ideen entstehen, wie man die gemeinsame hiesige Geschichte einer jüngeren Generation nahebringen kann. Eine Generation, in der es ganz offensichtlich schwere Defizite gibt, wenn ich höre, dass in Umfragen viele heute sagen, sie wissen eigentlich nicht, was Auschwitz ist, und sie können eigentlich mit dem Begriff Holocaust nichts anfangen, und sie können noch nicht mal historisch einordnen, wann dieses singuläre Verbrechen der Menschheitsgeschichte verübt worden ist. Eine Generation, die sich fragt: Was hat diese deutsche Geschichte von 1933 bis 1945 mit mir zu tun, der ich viel später erst »dazugekommen« bin? Diese ganzen Fragen müssen irgendwo einen Raum finden. Gedenkrituale, glaube ich, braucht es zur Selbstvergewisserung der daran Beteiligten, aber sie sind nicht mehr das Instrument, um die Teile der Gesellschaft zu erreichen, für die der ganze erinnerungskulturelle Kontext nur noch am Rande, weit entfernt, irgendeine Bedeutung hat. Da müssen wir netzwerken und Zusammenhänge herstellen. Das ist es auch, was sich die Erinnerungsorte und Gedenkstätten als Fragen stellen heute: Wie gehen wir mit der Pluralisierung von Erinnerungsnarrativen um in einer Zeit, in der im Übrigen auch immer weniger Zeitzeuginnen und Zeitzeugen berichten können, was ihnen widerfahren ist?

Homolka: Es ist eine ganz große Herausforderung, eine Art zu finden, das wieder neu greifbar zu machen, das hat mir auch die Erfahrung gezeigt um das von Daniel Jonah Goldhagen geschriebene Buch der »ganz gewöhnlichen Deutschen«, »Hitlers willige Vollstrecker«. Als das Buch 1996 erschien, hat man gedacht: Ja, das haben wir eigentlich schon gehört. Und dann auf einmal zeigte Goldhagen auf: Das waren nicht hier die guten Deutschen und da die Nazis, *alle* waren das. Dass Deutschland sozusagen nicht von einigen Leuten überwältigt wurde, die grauenvolle Dinge taten, sondern dass das generell in jedem schwelen kann, und dass, wenn dann die Wohnungen der jüdischen Nachbarn leer waren, die Leute eben das Zeug geplündert haben. So kam es ja, dass man, wenn es gelang, den Schrecken zu überleben, sein Mobiliar beim Nachbarn wiedergefunden hat. Das heißt, wir haben in jeder Generation auch eine neue Vertiefung der Erkenntnisse über das, was damals passierte, und wir können es, ehrlich gesagt, auch leider in unseren Gesellschaften wiederfinden als Element von Handlungsweisen, die durchaus heute auch noch denkbar sind. Es ist nicht so, dass wir uns vor Abscheu abwenden von Handlungsweisen, die sicher heute nicht passieren könnten, sondern dass wir jetzt auf einmal wieder darüber nachdenken, dass diese Gefahr schwelt, dass wir sogar sagen: Ach, das ist ja ein Déjà-vu. Das sind völlig neue Herangehensweisen. Sie zu reflektieren und daraus hoffentlich die Kraft zu gewinnen, andere, demokratische Handlungsformen durchzusetzen und diesen dumpfen Alternativen etwas entgegenzusetzen, ist die jetzige Aufgabe. Insofern glaube ich, dass der *Zukunftskongress* hoffentlich auch dazu führt, dass wir Interesse finden an diesen Gedenktagen als eine Mahnung, was man daraus für sich selbst beziehen kann.

Unser Buch heißt »Weil ich hier leben will …«, *aber das Wichtigste an dem Titel sind die drei Punkte, die folgen. Der Titel kann auch gelesen werden als* »Weil ich hier leben will, muss etwas geschehen«. *Was muss sich für Jüdinnen und Juden in Deutschland noch ändern, Rabbiner Homolka?*

Homolka: Also, was ich schon feststellen muss, ist, dass die jüdische Gemeinschaft irgendwo in ihrer Wagenburgmentalität verhaftet geblieben ist. Vor 1989 war sie klein und in sich gewandt, dann kamen die Zuwanderer, die musste man erst mal integrieren. Jetzt stellt man endlich fest, dass diese Zuwanderer auch ein eigenes Wir-Gefühl haben, das teilweise von der jeweiligen nationalen Identität geprägt ist, ob man beispielsweise aus Russland oder aus der Ukraine kam. Doch die jüdische Gemeinschaft ist nach wie vor ein ziemlich geschlossenes System, das ebenfalls zu kämpfen hat mit religiösem Pluralismus. Es hat sich die Erkenntnis durchgesetzt, dass Vielfalt im religiösen Sinne wichtig ist. Aber Meinungsvielfalt, das Risiko der Gegenrede und die Möglichkeit, eben auch, sagen wir mal, im jugendlichen Überschwang grundsätzlich Dinge infrage zu stellen, ist keine sehr ausgeprägte Kultur in der jüdischen Gemeinschaft. Da kann ich nur sagen: Es ist schön, dass in Deutschland die jüdische religiös verfasste Gemeinschaft so gut dasteht, aber es ist immer noch ein Desiderat, dass wir eine jüdische Zivilgesellschaft zulassen, die nicht davon lebt, dass alles kontrolliert wird, sondern dass wirklich von unten heraus Dinge experimentell ausprobiert werden. Diese Räume zum Ausprobieren sind noch dünn gesät, und deswegen würde ich mir wünschen, dass es nicht nur im Bereich von Kultur, Kunst, Literatur und anderen Dingen, sondern auch generell mehr solcher experimentellen Räume gibt.

Das *Ernst Ludwig Ehrlich Studienwerk* versucht, dies in seiner ideellen Förderung für einen bestimmten Kreis zu unterstützen. Es muss aber auch weitere Mittel geben für Orte, die vielleicht mit Religion gar nicht so viel zu tun haben, sondern sich eher um jüdische kulturelle Identität kümmern. Das ist, glaube ich, bisher nicht der Fall. Deswegen will ich mich schon seit ein, zwei Jahren dafür stark machen, dass der Staat sagt: Ja, für die Renaissance jüdischen Lebens wäre es neben der Gemeindeverfassung auch wichtig, eine zivilgesellschaftliche Vielfalt zu fördern und zu entwickeln. Dafür gibt es momentan keine

Förderorganisationen. Dazu braucht man ein bisschen Mut, und ich hoffe, die deutsche Politik wird sich dazu durchringen.

Für Sie, Senator Lederer, vielleicht einmal ohne diese jüdische Perspektive: »Weil ich hier leben will ...« – Wie würden Sie diesen Satz zu Ende sprechen?

Lederer: ... würde ich alles daransetzen, dass ich als Zuständiger für die Kirchen-, Religions-, Weltanschauungsfragen und für die Kultur Berlins mit Akteuren aus dem jüdischen Spektrum nicht mehr über Kosten zur Sicherung von jüdischen Einrichtungen oder Veranstaltungen verhandeln muss. Wir leben in einer Gesellschaft, in der es offenbar notwendig ist, dass wir jüdisches Leben mit Hochsicherheitszäunen umbauen müssen, um Sicherheit garantieren zu können, aber auch, um dem Sicherheitsbedürfnis der jüdischen Gemeinschaft Rechnung zu tragen. Das empfinde ich nach wie vor als einen völlig unerträglichen Zustand. Ich habe öfter schon gesagt, wie skandalös es ist, dass wir uns alle mehr oder weniger daran gewöhnt haben, dass dies so ist, weil wir es als unveränderbar wahrnehmen. Dass wir uns eigentlich erst aufzuregen beginnen, wenn Israel-Fahnen Demonstrierenden weggerissen werden oder wenn Menschen, die Kippa tragen, angespuckt, beleidigt oder geschlagen werden. Das ist doch Ausdruck einer ziemlichen gesellschaftlichen Perversität! Ich will unter Bedingungen hier leben, unter denen mein Gegenüber keinen besonderen Schutz benötigt, weil die Gesellschaft diesen Schutz garantiert!

Es ist ein unakzeptabler Zustand, dass die Existenz von Antisemitismus, gleich wie offen er sich äußert, immer noch dieses besondere Schutzbedürfnis mit sich bringt. Deswegen glaube ich, dass der Kampf gegen Antisemitismus eigentlich nicht der Kampf für andere ist, sondern der Kampf um eine Gesellschaft, in der ich gerne leben und bleiben will.

Ukraine, Russland, USA, Israel –
und was ist eigentlich Deutschland?

Wie ich in einen Bus stieg
und Jüdin wurde

Olga Osadtschy *1985 geboren*

Ankunft 1996

Und was ist eigentlich Deutschland? Um ehrlich zu sein, keine Ahnung. Es sind jetzt genau 22 Jahre, seit wir mit einigen wenigen Koffern mitten in der Nacht an der Potsdamer Kirschallee aus einem Reisebus gepoltert sind. Seitdem habe ich mir genau diese Frage gestellt und bin zu wenig befriedigenden Ergebnissen gekommen.

Als ich zehn war, war die Sache einfacher: Deutschland, das waren Wälder und Seen. Aus der Perspektive eines zehnjährigen Kindes, das an einer sechsspurigen Schnellstraße aufwuchs, klang das verheißungsvoll. Mein Vater machte mir die neue Heimat literarisch schmackhaft, indem er abends Jerome K. Jeromes »Drei Mann in einem Boot. Ganz zu schweigen von dem Hund« vorlas. Möglich, dass die Erzählung dieser pannenreichen Odyssee seine subtile Art war, unsere baldige Europatour zu kommentieren. Wir verkauften fast alle unsere Sachen, und auf dem Schulhof erntete ich Respekt oder zumindest betretenes Schweigen, wenn ich von der bald anstehenden Reise berichtete.

Erstaunlich an der ganzen Angelegenheit war, dass in unserem familiären Kreis bisher kein einziges gutes Wort über Deutschland gefallen war. Ganz im Gegenteil. Ich war – trotz besseren Wissens – etwas überrascht, dass es Deutschland noch gibt, denn mein Großvater väterlicherseits, Valentin, hatte viel Zeit und Mühe darauf verwen-

Olga Osadtschy

det, mir auseinanderzusetzen, dass die Rote Armee Hitler-
deutschland im Großen Vaterländischen Krieg nicht nur
geschlagen, sondern alle deutschen Soldaten erschossen
und in ein riesiges Loch geworfen hatte. Mit dem Nach-
barjungen spielten wir Krieg, bombardierten deutsche
Stellungen mit Granaten aus Holzklötzen und steckten
uns dann anschließend Medaillen mit Lenins Gesicht an
die stolzgeschwellte Brust. Dass Deutschland mehr war
als die Summe der besiegten Soldaten, erwähnte Opa
Valentin nicht.

Der Großvater mütterlicherseits, Mischa, erzählte eine
andere Geschichte. Sie handelte von Flucht, Tod und
Krieg. In seinen Kindheitserinnerungen waren die deutschen Soldaten alles andere als bloßes Kanonenfutter für
Stalins allmächtige Armee. Seine Tante und sein Onkel
waren von deutschen Soldaten auf ihrem eigenen Grundstück erschossen worden, nachdem sie von ihren ukrainischen Nachbarn verraten worden waren. Siegerstolz und
Trauma lagen in unserer Familie stets nah und erstaunlich versöhnlich beieinander.

Die Familie floh daraufhin mit einem Güterzug nach
Kasachstan. In seinen Erinnerungen versteckt er sich
hinter Kisten vor dem Kugelhagel deutscher Flugzeuge.
Warum genau die Familie verraten wurde und man
schließlich, anders als die ukrainischen Nachbarn, flie-
hen musste, blieb lange ungeklärt.

Das Wort »Jude« fiel zwar ständig in Witzen und
auch die Formulierung *jevrejskaja morda* (jüdisches Gesicht) war bei uns sehr beliebt, aber dass wir Juden waren,
merkte ich ziemlich spät. Auch wenn meine Mutter mit

großer Selbstverständlichkeit Gerichte mit Mazza zubereitete und es gelegentlich Chanukkageld gab. Ob aus politischen oder theologischen Gründen, meine Großmutter mütterlicherseits »konvertierte« zum Christentum und schrieb passionierte Gedichte über Jesus Christus, ihren Heiland. Manchmal trug sie diese Gedichte bei Schokotorte und Schwarztee auf Familienfesten vor. Damit war die religiöse Setzung unserer Familie für mich geklärt. Oma liebte Jesus, auch wenn Onkel Stalin dies nicht gerne gesehen hätte, und der Rest glaubte an nichts, außer vielleicht an Schokotorte aus der Karl-Marx-Fabrik.

Jahre später fiel mir ein Foto aus dem Nachlass meines Großvaters Mischa in die Hände. Seine Schwester, die etwas schrullige Tante aus Amerika, war gerade zu Besuch und fing an, Namen zu notieren. Die Frau in der Mitte war Feigele, hinter ihr saß Schmul. Durch das dicke Mauerwerk sowjetischer Anpassungsstrategien, russischer Namensgebungen und kollektiven Vergessens brach meine durch und durch jüdische, jiddisch sprechende, fröhlich in die Kamera lachende Familie.

Land der Gartenzwerge

USA, Israel, Deutschland, Russland, Ukraine: Jedes dieser Länder ist mit Geschichten von Ausreise, Flucht, Ankommen oder Fremdbleiben verbunden. Die Länder markieren Punkte im großen Netzwerk migratorischer Routen. Sie bezeichnen Möglichkeitsräume, alternative

Olga Osadtschy

Biografien, die alle gleichermaßen plausibel sind. Wären wir fünfzehn oder zehn Jahre früher gegangen, hätte ich meine Jugend in Ashdod oder Baltimore verbracht. Hätten wir noch ein wenig gewartet, wären wir vielleicht in Kiew geblieben, hätten unseren Nationalstolz wiederentdeckt und auf dem Maidan demonstriert, um die Orangene Revolution zu unterstützen. Meine Eltern hatten aus der Logik migratorischer Zyklen heraus Deutschland gewählt und dann etwa ein Jahr lang in einem kleinen Park angestanden, um eine heiß begehrte »Anketa« für die Ausreise zu bekommen. Das ging so: Aus einer langen Liste von künftigen Kontingentflüchtlingen wurden Familiennamen ausgerufen. Wenn »Osadtschy« erklang, mussten wir – ich habe das Anstehen mit meiner *njanja*, meinem Kindermädchen, oft übernommen – »Hier!« schreien. Dass wir sogenannte Kontingentflüchtlinge waren, lernte ich übrigens erst auf der deutschen Schule. Der Fachbegriff verlieh unserer Existenz in Deutschland plötzlich eine beruhigende Legitimität. Damals, im Park in Kiew, aber lebte ich in ständiger Angst, dass wir einen der Termine verpassen würden, weil wir zu lange im Militärmuseum oder im Botanischen Garten getrödelt hatten. In meiner Phantasie wäre dann das ganze Anstehen umsonst gewesen und man würde uns des Parks für immer verweisen.

Warum wir anstanden, war mir nicht klar. Aber wenn wir eines konnten, dann war das Schlangestehen. Man braucht nur den Roman *Die Schlange* von Vladimir Sorokin zu lesen, um die komplexe innere Ökonomie und den Gefühlshaushalt einer sowjetischen Schlage zu verstehen.

Die Dauer des Anstehens machte das, was einen am Ende der Schlange erwartete, immer besser. Tatenlos zwischen Erwachsenenbeinen rumlungern, ist eine der prägnantesten Erinnerungen meiner Kindheit: Können Sie meinen Platz freihalten? Wofür steht man denn an? Gibt es noch Fleischwurst? Nie hat jemand versucht sich vorzudrängeln und meistens herrschte ein beinahe heiliger Ernst, ob der Köstlichkeiten, die am anderen Ende der Schlange eventuell auf einen warteten. Wenn nicht schon alles aufgebraucht war, wenn man schließlich selbst dran war.

So selbstverständlich, wie wir angestanden hatten, um mitten im Winter aus einem kleinen Fenster einen duftenden Laib Brot zu bekommen, so standen wir jetzt an, um eine neue Zukunft ausgehändigt zu bekommen. Das Anstehen fand ich etwas enttäuschend, weil es am Ende keine *doktorskaja kolbasa* (ergo Fleischwurst) gab.

Erst Jahre später erzählte mir meine Mutter, dass sie der Grund für unsere Ausreise war, und auch von den kleinen und großen Gehässigkeiten, die sie deswegen in ihrer Kindheit erlebt hatte. Denn in ihrem Pass stand »Nationalität: Jüdin«. Viele daraus erwachsene Probleme konnten kompensiert werden, weil ihr Vater eine für die Kommunistische Partei unerlässliche Rolle spielte: Opa Mischa war Frauenarzt und brachte des Öfteren die unehelichen Kinder der Kolchose-Vorstände kommentarlos auf die Welt. Seine gesellschaftliche Stellung und sein Parteibuch ermöglichten es seiner Tochter wiederum, in Kiew Pharmakologie zu studieren, was uns später in Kiew einen stetigen Zufluss an in der Mangelwirtschaft

Olga Osadtschy

begehrten Naturalien vom Lande sicherte. Die Familie meines Vaters, patriotische Ingenieure von Kriegsgerät, nahm die Verlobung meiner Eltern weniger begeistert auf und die »Jevreika«, die Jüdin, hatte fortan einen schweren Stand, wobei sie zu allem Überfluss jahrelang in der gleichen winzigen Wohnung wie die Schwiegereltern leben musste. Einige Jahre später hätten viele Ukrainer etwas darum gegeben, eine jüdische Ehefrau und damit die Chance auf eine Ausreise in den Westen zu ergattern. Es gab allerdings nicht genug jüdische Gattinnen für alle.

Das Ziel am Ende der besagten Schlange war ein Reisebus. Und zwar nicht irgendein Reisebus, sondern ein riesiges, buntes Ungetüm mit breiten Sitzen und Klimaanlage. Ich hatte so etwas noch nie gesehen und fand den Bus wesentlich interessanter als die den Tränen nahen Freunde und Verwandten, die gekommen waren, um uns zu verabschieden. Ein weiteres Wunderwerk moderner Technik, ein kleiner, schwarzer Walkman von Sony, den ich von meinem Vater geschenkt bekam, sorgte den Rest der Reise für Ablenkung. Erst als ich fragte, wann wir nach Kiew zurückfahren würden, dämmerte es mir, dass der Abschied von der Ukraine etwas Endgültiges hatte. Der Weg nach Deutschland war gepflastert mit Liedern von Michael Jackson und russischen Schlagern. Wir passierten Landesgrenzen und wurden von freundlichen Beamten kontrolliert. Ich war zu jung, um zu verstehen, dass dies für die meisten Erwachsenen im Bus ein irrwitziges Gefühl sein musste. In mir machte sich jedenfalls nach jeder Kontrolle wohl eher intuitiv große Erleichterung breit. Nicht zuletzt, weil im Vorfeld breit diskutiert wurde, wie und wo man die Wertsachen verstecken solle. Kleiner Tipp: Goldringe und Ketten im zusammenge- klappten Regenschirm.

Der erste Höhepunkt der Reise war eine bunt erleuch- tete Tankstelle. In meinen Augen war es eine Art UFO und von ebenso erlesener Schönheit wie der internatio- nale Supermarkt, der vor kurzem neben unserer Woh- nung in Kiew eröffnet hatte und wo es keine Schlangen gab, sondern elektrische Türen und gut sortierte, prall gefüllte Regale. Eigentlich war die Tankstelle aber noch schöner: Sie stand einfach so mitten in der Landschaft he- rum und bot trotzdem eine absolut unglaubliche Vielfalt an Schokolade.

Die deutsche Grenze wurde von einem Heer von klei- nen bärtigen Alten mit roten Zipfelmützen bewacht, die – wie sich herausstellte – als Gartenzwerge in den ty- pisch deutschen Vorgarten gehörten. An der Grenze je- denfalls wurden sie zusammen mit Muschelbecken und Terrakotta-Statuen feilgeboten. Jedes zweite Geschäft, das keine Gartendekorationen führte, hatte diskret abge- klebte Fenster mit stilisierten Bildern tanzender Frauen. Fröhlicher Konsum allerorten.

Aussiedlerheim

Das Land der Wälder, Seen und Gartenzwerge wurde schnell zum Land innerer Widersprüche. Denn Deutsch- land war mir zwar als universell schön angepriesen wor-

Olga Osadtschy

den, aber das galt nicht überall gleichermaßen. Er gab zum Beispiel mehr oder weniger erstrebenswerte Wohnorte. Kaum hatten wir unser erstes provisorisches Lager im Aussiedlerheim in Potsdam aufgeschlagen, wurde leise über Berlin Ahrensfelde gesprochen. Niemand, wirklich niemand wollte nach Ahrensfelde ziehen! Dort sollte es Stacheldraht und Passkontrollen geben, und das unangenehme Gefühl, den fein justierten Mechanismen sowjetischer Repression nicht etwa entkommen zu sein, sondern diese lediglich gegen andere Kontrollmechanismen eingetauscht zu haben. Ein Betrug am Freiheitsversprechen »Deutschland«, noch bevor man richtig angekommen war. Am Ende mussten wir nicht nach Ahrensfelde, sondern durften in den pastellfarben gestrichenen Häusern in der Kirschallee bleiben, wenn auch vorerst in einem Zimmer voller Doppelstockbetten.

Unser Glück war vollkommen, vor allem weil es im Supermarkt abgepackte süßlich schmeckende Pfannkuchen und versalzene Buletten gab, deren Reiz schlicht und ergreifend darin bestand, dass man diese direkt aus der Packung essen durfte. Die vor uns nach Amerika ausgewanderten Verwandten hatten freundlicherweise darauf hingewiesen, dass es völlig in Ordnung sei, die ersten Monate in der Fremde damit zu verbringen, zu fressen. Sie sagten nicht »essen«, »verkosten« oder »probieren«. Nein, sie sagten und meinten FRESSEN.

Betrat man den Kaufland in der Nähe des Potsdamer Hauptbahnhofs, konnte man sein Ende nicht sehen. Schon bald wurden die Supermärkte zu einem beliebten Ausflugsziel.

Staunen, kaufen, fressen. *Repeat.* Einer der Lieblings-
witze meiner Mitschüler in der Alexandrinen-Grund-
schule war: »Was ist die ukrainische Alice im Wunderland?
Olga bei Aldi!« Das alles stimmte auf ganz existenzielle Art
so sehr, dass ich nie beleidigt war. Binnen kürzester Zeit
war Deutschland vom naturromantischen Sehnsuchtsort
mit vielen Wäldern zu einem feuchten Konsumtraum
sich einübender, frischgebackener Kapitalisten geworden. Ein leichtsinnig auf dem Schulhof dahingeworfenes
»Wolga-Olga« hingegen war unverzeihlich.

Ich war selig bis zu dem Tag, an dem ich aus der Schule
nach Hause kam und meine Mutter mir erzählte, dass
mein Vater angeschossen worden und nun im Kranken-
haus sei. In meiner Erinnerung lebten wir immer noch im
Zimmer mit den Stockbetten und waren demnach noch
ziemlich »fresh of the boat«. Entgegen den lakonischen
Witzen meiner Eltern, dass man in Deutschland auf Aus-
länder schieße, war der Schuss zufällig abgegeben worden.
Der Sohn eines Polizisten hatte mit der Dienstwaffe seines Vaters aus dem Fenster der Wohnung heraus gezielt
und dabei versehentlich einen Schuss abgegeben. Die Ku-
gel durchschlug erst die Hand einer Frau, bevor sie dann
im Oberarm meines Vaters steckenblieb. Da mein Vater
aber Atheist und ein abgebrühter Skeptiker ist, nahm er
diesen Zwischenfall nicht etwa als böses Omen auf, sondern ließ sich operieren, machte weiter und freundete
sich mit dem zweiten Opfer, einer freundlichen älteren
Dame, an. Als ich versuchte diesen Zwischenfall Jahre
später zu recherchieren, stieß ich stattdessen gleich auf

Olga Osadtschy

mehrere zweifelhafte rechtskonservative Online-Medien.
Dort war nicht vom leichtsinnigen Polizistensohn und
seinem gefährlich nachlässigen Vater die Rede, sondern
von Listen mit von Ausländern getöteten Deutschen. Es
waren die ersten Treffer der Google-Suche, was zumindest nachdenklich stimmen sollte.

Es gab schon früh einen Hinweis darauf, dass in
Deutschland Flüchtling nicht gleich Flüchtling ist. Das
Ungleichgewicht äußerte sich nicht nur auf dem Amt, wo
Kontingentflüchtlinge mit einem Stempel in die Sicherheit eines lebenslangen Aufenthaltsrechts katapultiert
wurden. Sie zeigte sich auch in den temporären Domi-
zilen, die uns zugewiesen wurden, und in den sozialen
Gefügen, welche zwischen den vielen sich dort versammelten Argonauten entstanden. Denn eigentlich war
jeder gerade in seine je persönliche Odyssee verstrickt,
ohne zu wissen, wie das Abenteuer ausgeht. Wie gesagt,
die jüdischen Kontingentflüchtlinge aus allen Ecken der
ehemaligen Sowjetunion lebten in pastellfarbenen Rei-
henhäusern, drei Stockwerke hoch, Vorgarten. Russland-
deutsche lebten in großen Plattenbauten, etwas weiter
hinten auf dem gleichen Gelände. Als Kind empfand ich
einen schwer zu definierenden Neid auf die Kinder der
Russlanddeutschen, die über eine selbstverständliche, qua
Geburt verliehene Zugehörigkeit zu diesem Land zu ver-
fügen schienen. Im Gegensatz dazu ertrank ich anfangs
in meiner vor allem in der Schule akut empfundenen
Fremdheit, einer Fremdheit, die durch die seltsamen Kla-
motten (grüner Bleistiftrock für Kinder plus Weste und
Rüschenbluse) nur gesteigert wurde und die ich durch

verzweifelte Anpassungsmaßnahmen zu kompensieren versuchte. Gleich am ersten Schultag behauptete ich beispielsweise, die *Backstreet Boys* zu lieben und auf Nick Carter zu stehen, wobei ich seinen Namen »Nike« buchstabierte und wirklich gar keine Ahnung davon hatte, was eine *Boy Band* sein sollte. Man kaufte mir den Bluff nicht ab, schwieg höflich und weihte mich dann in die Geheimnisse von *Benjamin Blümchen* und *Bibi Blocksberg* ein. Ein weiterer Unterschied zwischen den Kontingentflüchtlingen und den Russlanddeutschen: Letztere verließen die Heime schnell, suchten sich Wohnungen. Einige der jüdischen Familien stellten das Provisorium auf Dauer und blieben einfach in der Kirschallee wohnen.

In einem der großen Plattenbauten lebten die Asylbewerber. Ihre Kinder spielten nicht mit uns, und später fiel uns auf, dass dort keine Kinder lebten. Einer der Erwachsenen erklärte uns mal lapidar, dass wir eben Glück hätten und sie nicht.

Kentucky Fried Chicken

Das *Upgrade* von der Stockbett-Wohnung war eine Art Kommunalwohnung, in der jede Partei ein Zimmer für sich bekam. Wer weiß, vielleicht war es weniger eine Frage von Platzmangel als ein Versuch, vertraut beengte Verhältnisse herzustellen. Da ich auch in Kiew die meiste Zeit mit meinen Eltern in einem winzig kleinen Zimmer gelebt hatte, war das Feldbett in der Zimmerecke genug Privatsphäre für den Anfang. Ich büffelte Worte, wie

»wirbelsäulenlose Tiere«, für die Schule. Im Aussiedler-heim hatte es eine Art Deutsch-Crashkurs für Kinder im Schulalter gegeben, aber der reichte nicht über die üblichen Freundlichkeiten auf dem Schulhof hinaus. Der vietnamesische Junge, der vom ersten Tag an mein Freund gewesen war, sagte bedauernd, dass er mich lieber gemocht hatte, als ich noch kein Deutsch konnte. Ich bekam endlich Plateauschuhe und Komplimente von Mit-schülern, die meine Garderobe sonst mit bedauernden Blicken quittierten.

Der Vorteil an unserem Wohn-Arrangement war, dass die erfahrenen Mitbewohner bereits wussten, wie man eine S-Bahn nach Berlin Charlottenburg nahm und wo *Kentucky Fried Chicken* und »die anderen Russen« waren. Und tatsächlich, es waren unheimlich viele andere Rus-sen in Charlottenburg. Während ich unter dem wohlwol-lenden Blick von *Colonel Sanders* in meinen dritten Mais-kolben biss, fühlte sich Deutschland erstaunlich heimelig an. Hätten meine Eltern nicht auf unserer sofortigen und möglichst radikalen Assimilation bestanden, hätte man jahrelang in dem Glauben leben können, Russisch sei mindestens die zweite Landessprache. *KFC* jedenfalls war eine angemessene Entschädigung dafür, dass der erste *McDonalds* in Kiew just im Jahr unserer Auswanderung direkt neben unserer Wohnung aufgemacht hatte. Die ersten Vorboten des vielbeschworenen Raubtierkapita-lismus, der die einstigen Sowjetstaaten erfasste, kam in Verkleidung von *Nuggets*, *Big Macs* und *Chicken Kiew*, das man aus lokalpatriotischen Gründen ins Sortiment auf-genommen hatte.

Im Aussiedlerheim gab es außerdem einen Computer-kurs, den mein Vater unterrichtete (MS-DOS!) und eine von *Chabad* geleitete Sonntagsschule für Kinder, die uns »unser« Judentum näherbringen sollte. Da ich gerade damit beschäftigt war, Deutsch-Sein zu lernen, verschob ich das Jüdisch-Sein auf später. Erstens klang es unheimlich kompliziert und zweitens hegte ich Zweifel am Monotheismus und am Bild des Lubawitscher Rebbes an der Wand. Das Jüdisch-Sein kam sehr viel später.

Ivankiv, 1919

Hätte jemand Großvater Mischa gesagt, dass er auf einem jüdischen Friedhof bestattet würde, mit einem Rabbiner, der an seinem Grab singen würde, und hebräischen Lettern auf dem Grabstein, er hätte laut gelacht und höflich darum gebeten, nicht auf den Arm genommen zu werden. Es gäbe viel zu viel zur Ukraine zu sagen. Zumal, wenn es um ihr Verhältnis zur jüdischen Bevölkerung des Landes geht. Vielleicht genügt es vorerst, etwas zu seinem letzten Wohnort, zu Ivankiv, zu sagen. Dorthin zog mein Großvater nach seiner Flucht nach Almaty während des Krieges. Er hatte Medizin studiert, wurde Oberarzt, bekam zwei Kinder und baute für sich und seine Familie ein großes Haus. In den Annalen des Dorfes wird er als bedeutende lokale Persönlichkeit geführt.

Vor einigen Jahren habe ich das Dorf mit meinem Onkel besucht. Da in meiner Promotion Fotografien von Schtetlach zu Beginn des 20. Jahrhunderts eine zentrale

Olga Osadtschy

Rolle spielen, schlug er vor, auf Fotosafari zu gehen. Immerhin sei Ivankiv mal ein florierendes Schtetl gewesen, noch dazu mit einem riesigen jüdischen Friedhof. Während ich schnell nach Belegen für diese überraschende Information googelte, startete er aufgeregt das Auto, und wir machten uns auf, nach den Spuren dieses jüdischen Ivankivs zu suchen. Wir fanden: nichts. Auf die Frage nach dem jüdischen Friedhof reagierten die Passanten mit einiger Verwunderung. Was immer da gewesen war, war nachhaltig aus dem kollektiven Gedächtnis des Dorfes verschwunden. Da mein Onkel sich aber noch deutlich daran erinnerte, als kleiner Junge zwischen den Grabsteinen spazieren gegangen zu sein, musste sich in den letzten sechzig Jahren etwas ereignet haben. Nach mehreren Stunden waren wir des Rätsels Lösung ein Stück näher gekommen.

Dort, wo sich einst der jüdische Friedhof befunden hatte, war jetzt ein eingezäuntes, leeres Grundstück. Der Mann, der uns das Tor aufschloss, sagte, dass wir hier keine alten Grabsteine mehr finden würden. Da müssten wir schon die Fundamente der umliegenden Häuser ausgraben. Stattdessen standen dort einige wenige neue Grabsteine auf einer von Metallzäunen geschützten Parzelle, deren Instandsetzung – laut Ehrenplakette – von der Konrad-Adenauer-Stiftung finanziert worden war. Wir wurden informiert, dass die Schutzmaßnahmen, wie der hohe Zaun, nötig seien, weil die Nachbarn immer noch die Gewohnheit hätten, ihren Müll hier zu entsorgen. Wie früher. Der Friedhof war also abwechselnd als Steinbruch oder Müllkippe gebraucht worden.

Das letzte gemeinsame Kolleg des Ernst Ludwig Ehrlich Studienwerks und der Konrad-Adenauer-Stiftung
lag nicht allzu lange zurück, und ich beschloss, einen Tag
länger zu bleiben und der Sache nachzugehen. Nachdem
wir uns durch den halben Ort gefragt hatten, fanden wir
Nelya Grigorovich, die sich in den letzten Jahren mehr
oder weniger im Alleingang um die Aufarbeitung der jüdischen Geschichte Ivankivs gekümmert und vor allem
darauf gewartet hatte, dass Archivmaterial aus Kiew öffentlich zugänglich würde. In der kleinen, vollgestellten
Küche ihres Hauses erzählte sie. Davon, dass im 19. Jahrhundert fünfzig Prozent der Bevölkerung jüdisch gewesen seien, dass es einen großen jüdischen Friedhof und
zwei Synagogen gegeben habe, die sich genau gegenüber-
gestanden und deren Gemeinden die jeweils andere Synagoge natürlich nie im Leben freiwillig betreten hätten.
Dass während der Sowjetzeit die Familie des Rabbiners
Gorohovskij einen illegalen Minyan bei sich zu Hause
ermöglicht habe. Und dass es in den 1930er-Jahren eine
jüdische Kolchose gegeben habe. Sie erzählte von den Pogromen der 1920er-Jahre, als eine Meute von 200 Mann
mordend und plündernd durch das jüdische Viertel gezogen war, bis nur noch zehn Juden übriggeblieben waren.
Und von der in Tagebüchern aus dieser Zeit beschriebe-
nen Erleichterung der ukrainischen Bevölkerung über
das Verschwinden der Juden aus ihrem Dorf. Sie erzählte
davon, wie sich die Geschichte in den 1940er-Jahren auf
wesentlich brutalere Art und Weise wiederholen sollte,
als die 500 Juden von Ivankiv (seit 1942 »Generalbezirk
Kiew, Reichskommissariat Ukraine«) in den umliegen-

Olga Osadtschy

den Wäldern erschossen worden waren, teilweise mit großer Zustimmung ihrer ukrainischen Nachbarn. Und sie las vor. Sie las aus dem Geständnis eines ukrainischen Polizisten, der die Deutschen bei den Erschießungen unterstützt hatte. Mit großer Lust am Detail schilderte der Polizist vor Gericht die dramatischen Szenen, wobei er die Schuld selbstredend stets bei den deutschen »Ungeheuern« sah. Nelya Grigorovich murmelte bitter: »Ukraine, das Land der Unschuldigen.« Die Sonne schien grell, und im Garten wogte ein Meer bunter Blumen. Ich starrte raus und fragte mich, wie es für meinen Großvater gewesen war, auf dem Gelände jenes Krankenhauses zu arbeiten, wo eine der großen Erschießungen stattgefunden hatte. Denn auch wenn heute keiner mehr wissen will, wo der jüdische Friedhof gewesen sein soll, waren die Erschießungsstätten in den 1960er-Jahren allgemein bekannt.

Nach diesem Besuch recherchiere ich fieberhaft im Internet und finde ein Foto von 1919 oder 1920: Eine Gruppe von Kindern und Erwachsenen steht um einen aufgebahrten Leichnam. Der Mann ist bei einem der Pogrome ums Leben gekommen. Die Frauen tragen Kopftücher, die Männer Schirmmützen. Auf den Grabsteinen hinter ihnen stehen hebräische Lettern. Den alten Jüdischen Friedhof gibt es nur noch in den Erinnerungen der Alten und in Form von Archivmaterial. Dass es einen neuen gibt, grenzt an ein Wunder. Der Friedhofswächter gibt allerdings zu bedenken, dass sich die meisten Juden trotzdem lieber auf dem anderen Friedhof beerdigen ließen. Nach russisch-orthodoxer Manier. Mit Kreuz und

Blumenkränzen aus Plastik. Zu groß sei die Sorge, dass Friedhof oder Grabstein früher oder später doch geschändet würden.

Nach der Reise verstehe ich besser, warum Großvater Mischa sich in Deutschland auf eine so vehemente Art und Weise seinem Judentum zuwandte, dass er (nur halb im Scherz) behauptete, auch Bach und Beethoven seien, nach neusten Erkenntnissen von Fachleuten, Juden gewesen.

I was here

Für den Fakt, dass ich Jüdin bin, habe ich mich lange Zeit nicht weiter interessiert. Im Gymnasium führte es, spätestens als es um den Holocaust ging, zu unfreiwillig komischen Situationen in der Klasse. Die Beerdigung des Großvaters auf dem jüdischen Friedhof in Potsdam hatte nichts Vertrautes, weil wir weder die Gebete noch die Gepflogenheiten kannten und unter den freundlichen Blicken des Rabbiners trotzdem alles falsch machten. Außerdem war ich öfter in katholischen Messen gewesen, als dass ich eine Synagoge von innen gesehen hätte. Als ich aber irgendwann zufällig in die Jüdische Gemeinde in Potsdam ging, erzählte der Vorsitzende vom Ernst Ludwig Ehrlich Studienwerk.

Ich sollte mich um ein Stipendium beim Studienwerk bewerben und bekam aus diesem Anlass eine schriftliche Bestätigung meiner Zugehörigkeit zum Judentum in die Hand, für die Bewerbungsunterlagen. Vom fast

Olga Osadtschy

schon brutalen Evidenzcharakter dieses Dokuments war ich irgendwie schockiert. Rückblickend kann ich nur sagen, dass ich unheimlich dankbar für die weitere Fügung der Dinge bin. Jetzt, sechs Jahre später, gibt es fast keine Gruppenfotos auf Facebook mehr, die nicht irgendwas mit dem Studienwerk zu tun haben. Darauf zu sehen: Regionalgruppentreffen sowie diverse Kollegs und andere gemeinsame Reisen. ELES in Berlin, Neversdorf, Gollwitz oder Wien. ELES in den USA.

Zu den schönsten Reisen, die ich mit den anderen Stipendiat*innen unternehmen durfte, gehören die beiden Auslandsakademien in Amerika 2014 und 2015. Im Rahmen von ELES-Veranstaltungen hatte man immer wieder Studierende aus den USA getroffen, die – gelinde gesagt – mit Verwunderung auf den Besuch deutscher Synagogen reagierten und andeuteten, dass sie das Ganze zu Hause etwas freier handhaben würden. Aber erst als ich im Sommer 2014 in New York am Samstag inmitten einer exaltiert wogenden Menge stand, die den Morgen bereits gemeinsam mit Yoga eingeläutet hatte, wurde mir klar, worauf da angespielt wurde. Allein die Vielfalt der Synagogen in der unmittelbaren Nachbarschaft des New Yorker Hotels war beeindruckend, und innerhalb weniger Tage hatten wir von modern orthodox über reformiert, liberal und E-Gitarren-am-Freitag-Abend-liberal so ziemlich alles gesehen. Als die Gruppe anschließend zu einer großen, jährlichen Versammlung der weltweit größten jüdischen Studierendenorganisation Hillel nach St. Louis reiste, sollten sich die USA als Land unermesslicher Shabbes-Möglichkeiten herausstellen. Am Ende des

Großanlasses wurde der gesamte Campus der Washington University von unterschiedlichen jüdischen Denominationen bespielt. Obwohl man prinzipiell dazu eingeladen war, einer hektischen Reisegruppe gleich von Feier zu Feier zu tingeln, um wirklich alle Facetten von *Judaism made in the USA* mitzuerleben, bin ich mit einigen anderen bei einer der Shabbes-Stationen hängen geblieben. Vielleicht, weil hier ein gelungener Überraschungsangriff auf meine Bastion aus Skepsis und Zurückhaltung gegenüber den unfassbar euphorischen, sehr jungen Menschen um uns herum stattgefunden hatte. Beyoncés *I was here,* mitsamt Videoprojektion, leitete die ganze Veranstaltung angemessen elegisch ein, worauf bald schon Debbie Friedmans *Miriam's Song* folgte und plötzlich ein Grüppchen in Polonaiseformation durch den Raum brach. Damit es nicht zu Missverständnissen kommt: Ich verlange keinesfalls, dass Beyoncé den Schabbat mit besinnlichem R'n'B einläutet. Es geht auch nur bedingt um die musikalische Begleitung, auch wenn wir noch ziemlich lange bei jeder passenden und unpassenden Gelegenheit *Miriam's Song* anstimmten. Die anfängliche Sprachlosigkeit wich bald einem Gefühl genuiner Neugier über diese vollkommen andere Art und Weise, sich als Jüdin oder Jude zu begreifen, zu positionieren und entsprechend zu agieren. Es war eine bejahende und trotzdem kritische Auseinandersetzung mit den Traditionen und Inhalten und mit der eigenen gesellschaftlichen, politischen und kulturellen Rolle. Nach dieser Reise stellte sich mehr denn je das Gefühl ein, dass ELES eine ganz ähnliche Tendenz für junge Jüdinnen und Juden in Deutschland verkörpern, eine

Olga Osadtschy

Erneuerung der Diskurse einläuten und fehlende Infra-
strukturen schaffen könnte. Orte und Gelegenheiten, die
es möglich machen würden, einen offenen, gelösten und
zukunftsorientierten Umgang mit der eigenen Identität
zu pflegen.

Basel – Tel Aviv

Ich war noch nie in Israel, obwohl es eine Menge schrul-
liger Verwandter gäbe, die seit Jahren auf einen Besuch
warten. Vielleicht sind sie auch der Grund für mein Zö-
gern, jedenfalls warte ich noch ein bisschen. Bald kann
meine Tochter gut genug Hebräisch, um die Reiselei-
tung zu übernehmen. Sie lernt das jetzt im Kindergarten, ebenso wie das Morgengebet und die vorwurfsvolle
Grundhaltung, wenn ich mich am Samstagmorgen an-
schicke in einer Hose in die »Sini« zu gehen.
    Mittlerweile leben wir in der Schweiz, und jede Wo-
che verkündet ein Mitglied der Basler Gemeinde, endlich
nach Israel umzuziehen. Die Betonung liegt auf END-
LICH. Man ist stolz auf Theodor Herzl, den ersten Zionistenkongress von 1897, und die lingua franca in der
Synagoge ist Hebräisch. Dass wir überhaupt so oft in
der Synagoge sind, dass ich diese Dinge weiß, verdanke
ich zu gleichen Anteilen ELES und meinem Kind. Beim
quälend früh angesetzten Morgengebet, dem Schacharit
und Praxisseminaren zu Riten, Traditionen und Feiertagen hat sich die lähmende Peinlichkeit des Unwissens im
Umgang mit dem Judentum als Religion gegeben. Ande-

rerseits treibt mich das Kind samstags gnadenlos aus dem Haus, um ihre Kindergartenfreunde zu sehen und hier und da ein paar Bonbons abzustauben. Beim Fahrradfahren grölt sie dabei jüdische Lieder zu allen möglichen Feiertagen, inklusive einiger selbst erfundener. Und ich finde es großartig, wenn sie mit einem Salamibrötchen in der Hand versucht, mich davon zu überzeugen, dass meine Gurke nicht koscher sei. Dass Judentum viele Facetten haben kann, das üben wir noch.

Meine Euphorie ob ihrer Leichtigkeit kriegt morgens beim Frühstück einen kleinen Dämpfer, als der Vater das Kind darum bittet, nicht allen zu erzählen, dass sie jüdisch sei. Es ist eine deutsche Sorge, gespeist von der Tageszeitung auf dem Frühstückstisch, in welcher der letzte antisemitische Angriff in Berlin diskutiert wird. Der Leitartikel eines in Berlin lebenden Israelis titelt »Ihr habt uns im Stich gelassen«. Um ehrlich zu sein, ich teile diese Bedenken manchmal, es ist ein Reflex, eine innere Unruhe, die über mich kommt, wenn Ada einer wildfremden Person in der Tram vom jüdischen Kindergarten erzählt. Aber ich bin gleichzeitig auch neidisch auf meine Tochter und die leichtfüßige Selbstverständlichkeit, mit der sie Jüdin ist. Anders als ihre Mutter. Denn was man auch immer von der Mehrzahl der »post-sowjetischen« Jüdinnen und Juden sagen mag, ich wage zu behaupten, dass die Sache weder selbstverständlich noch leichtfüßig ist oder jemals sein wird.

Mit ELES aber ist die Sache etwas einfacher geworden, weil ein Bemühen da ist, die oft fremdbestimmten Fragen

Olga Osadtschy

rund um das Thema Judentum und Identität in die eigene Hand zu nehmen. Es ist nicht nur ein Studienwerk, es ist eine Geschichtenwerkstatt, in der die autobiographische Prosa unserer diasporischen Erzählungen zu einer Art kollektivem Narrativ zusammenwachsen konnte. Sie reflektiert die Komplexität und das Facettenreichtum dessen, was es bedeuten kann, heutzutage in Deutschland, in Israel, in den USA, in Russland, in der Ukraine jung zu sein und jüdisch zu sein.

»Weil ich hier leben will ...« sagt der Titel dieses Buches und lässt zum Ende hin Raum für Forderungen, aber auch Feststellungen. Weil ich hier leben will, erzähle ich meine Geschichte. Erzähle eine Geschichte von Migration, von Mobilität, von Befremdung und Freund*innen, von Auseinandersetzungen und Kämpfen, von Identitätsfindung und Identitätskonstruktionen. Weil ich hier leben will, erzähle ich meine Geschichte vom Jüdisch-Sein.

»Berliner Juden« – ein Zwiegespräch

Cecilia und Yair Haendler

Naina, Yan und Nina stammen aus Brasilien, das ist unsere »brasilianische Fraktion«. Man lacht. Wir essen in einem Bootshaus auf dem Kanal bei Nastias und Valentins Hochzeit in Berlin zu Abend. Dies ist der ELES-Tisch. Der weiße rituelle Schal, der *Tallit*, flattert über dem funkelnden Wasser, kleine weiße Blumen, Birkenzweige, das Symbol Russlands, für den Baldachin; die religiöse Zeremonie der Vermählung, die *Chuppa* hat gerade stattgefunden. Wir am ELES-Tisch stellen uns jemandem vor, und wie immer gibt es Witze und viel Selbstzufriedenheit darüber, wie vielschichtig, multinational und multilingual wir als Gruppe sind – und wie undeutsch wir sind. In der Luft hängt ein wildes Funkeln – sei es durch das Gebäude im Stile des Ostberliner Tanzlokals *Clärchens Ballhaus*, seien es die Tänze, das Aufbrausen der Hochzeit, die osteuropäische Note – oder seien es einfach nur wir. Alles hier ist so sehr das Berlin, das wir kennen, so sehr das jüdische Leben in Deutschland. In Heinrich Heines Worten: »Berlin ist gar keine Stadt, sondern Berlin gibt bloß den Ort dazu her, wo sich eine Menge Menschen versammeln, denen der Ort ganz gleichgültig ist.« Oder auch: Menschen, denen aufgrund ihres nomadischen Instinkts die Vorstellung eines festen, dauerhaften Wohnortes nicht gefällt. Menschen, die dazwischen bleiben, zwischen verschiedenen Welten hängen. Yair und ich sind zur Hochzeit unserer Freunde nach Berlin zurück-

64

gekommen – aus Paris, wohin wir vor mehr als einem Jahr umgezogen sind. Zurück nach Berlin, wo wir sechs Jahre gelebt haben. Zuvor lebten wir gemeinsam in Rom und Jerusalem, Yair kommt aus Netanya, ich aus Florenz.

Als wir anfangs in der Synagoge in Paris gefragt wurden, woher wir kommen, antwortete Yair anfangs: »Ich komme aus Israel.« Aber als ich Italien erwähnte, vergaßen alle sofort das langweilige – und für französische Juden oftmals ambivalent geliebte/verhasste Israel. Mit weit aufgerissenen Augen begannen sie zu reden, ohne Pause zu fragen, »typisch jüdisch«: »Wie geht es denn den Juden in Italien?« – »Wie viele Juden leben dort?« – »Oh, ich liebe das *Carciofo alla Giudia*.« – »Ich habe meinen letzten Urlaub bei *Mehadrin Halav Yisrael* und *Pat Yisrael Cantina Giuliano* in der Toskana verbracht.« – »Welches Rabbinat gibt das Koscher-Zertifikat, den *hekhscher*, für diese Ravioli beim koscheren Supermarkt, dem Hyper-Cacher?« – »Ist Sarcedote ein jüdischer Nachname?« – »Was ist mit Venedig, dem Ghetto?« – »Das Gebetbuch, der *Siddur*, in Rom ist also wirklich anders, oder?«

Für die Jekkes, Juden mit Ursprung in Deutschland oder dem Elsass, ist Italien ein Traum- und Sehnsuchtsort der Art von Goethes *Italienischer Reise*; für die polnisch-galizischen Jüdinnen und Juden ist es ihre Seelenaffinität zu jeder einzelnen jüdischen Gemeinschaft mit einem besonderen Charakter; für die sephardischen Juden aus dem kolonialen Nordafrika ist es der Ort der Kindheit und einer verlorenen Welt: »Als wir Kinder waren, lernten wir in Tunis Italienisch«, »Wir wissen, dass Livorno eine sehr wichtige Gemeinde war, sehr stolz, und in Algerien waren wir ihre Seelenbrüder«, »In Tangeri haben wir immer ...« Durch ihre unterschiedliche Art, von Italien zu träumen, lerne ich ihre vergangenen und gegenwärtigen Heimaten kennen. Es war nur eine Frage der Zeit, bis man anfing, wenn man uns anrief oder sogar nur erwähnte, uns als »Les Italiens«, »die Italiener« zu bezeichnen: »Les italiens ... Les italiens sont arrivés. Les italiens, ils viennent aussi?«

Yair und ich sind viel »vagabundiert«, und wenn unser Patchwork-Hintergrund Teil der gewohnten Landschaft in Berlin war, ist es in Paris ganz anders, wo die Gemeinde vor allem aus alteingesessenen Mitgliedern besteht – ähnlich wie in Italien.

Jede jüdische Gemeinde ist vielfältig, versetzt mit familiengebundenen und persönlichen Geschichten, aber das gilt ganz besonders für Berlin und Deutschland. Das, was man in Frankreich und Italien hat, in Deutschland aber nicht, ist Kontinuität – ununterbrochene jüdische, religiöse, identitäre, lebendige Kontinuität. Berlin kann man als einen ziemlich neuen jüdischen Planeten denken, als einen Planeten, der sich sehr schnell dreht, wobei junge Leute sich hineinstürzen, unordentlich, beiläufig, in Stürmen, in Tropfen, einsam, aus Russland, Israel, Amerika und wer weiß woher sonst, um sich selbst und ihr Jüdischsein zu finden oder zu erschaffen. Viele hatten nicht wirklich die Wahl, nach Deutschland zu kommen oder dort zu bleiben, wo sie vorher lebten. Das Ergebnis ist etwas sehr Bodenständiges, Alternatives, Originelles – eine vielstimmige Explosion, ein dissonantes Geratter. Diese Menschen müssen ihr Jüdischsein schaffen und

Cecilia und Yair Haendler

rekonstruieren, entweder weil es ausgelöscht, von der Geschichte zerstört wurde und sie nur einige Stücke und Fragmente davon zum Zusammenkleben haben (»Nur mein Vater ist Jude.« – »Sie haben uns nicht gesagt, dass wir jüdisch waren.«), oder weil sie es verloren hatten. Es wurde ihnen durch einen säkularen Rahmen, durch die Armee, durch eine chassidische Antwort auf die Moderne, durch Standardisierung nach dominanten Paradigmen weggenommen. Jeder von ihnen verbarg seine jüdische Stimme, jeder wurde von den Verwüstungen der europäischen Geschichte herangespült an neue Ufer. Sie versammelten sich also hier, voller Neugier und Sehnsucht nach einem Judentum, das sie nie zuvor hatten erleben können, und brachten mit ihrer Begegnung ein enormes Versprechen mit. Cecilia und ich vermissen das in Paris. Wir vermissen die Vielfalt, sehnen uns danach. Ich nehme an, Sehnsucht ist unser permanenter Zustand.

Ich erinnere mich an einen Anruf von einem alten Freund aus Rom, Daniel Piperno, der damals in Straßburg lebte. Er fragte mich: »Yair, wie läuft das *jewishing* in Berlin?« Und ich sagte: »Du weißt doch, Daniel, hier gibt es nicht viel ...« Und er erwiderte: »Wovon redest du?! Ich schaue immer auf eure *Rosch Haschana*, also Neujahrs-Esstische, auf Facebook und auf euer Essen und eure Freunde und eure Treffen zum gemeinsamem Tora-Lesen und die Leute dort, und weißt du, was du da hast, scheint mir einfach großartig zu sein ... Ich wünschte nur, ich könnte hier alles machen, was ihr da macht.« Was er meinte, waren Yair und ich und all die anderen Berliner Juden, die Judentum und Bedeutung schufen, durchs *Machen.* Die Wege des jüdischen Ausdrucks und Denkens, die in Deutschland ausgegraben werden, beginnen oft bei fast null, und jeder Definition ausweichend sind sie alt und neu zugleich. Wir haben sie aus erster Hand erlebt und gelebt. Diese direkte, persönliche Auseinandersetzung mit der rohen Seele des Judentums, die alle fundamentalen Fragen hervorruft. So inspirierend das auch ist, braucht und sucht dieser neue Planet immer wieder Berührungspunkte mit seiner Vergangenheit. Wie Walter Benjamins *Angelus Novus,* vorwärtsgetrieben, von überwältigenden Winden weggetragen, aber immer noch rückwärts schauend, schaut das neue Judentum immer zurück. Cecilia und ich konnten nicht aufhören, den Blick auf das zurückzuwerfen, was wir zurückgelassen hatten – deshalb sind wir und viele andere auch nach Berlin gezogen; an einen Ort, wo wir schon gewesen waren; an einen Ort, der, obwohl wir selbst ihn zum ersten Mal gesehen haben, uns wie etwas erschien, dessen erinnert wird, weil unsere Großeltern uns von diesem Ort erzählt haben – oder eben nicht. Wir sind nicht für Deutschland an sich gekommen, sondern für die vergangenen und gegenwärtigen Juden, die in Deutschland gelebt haben, für das Stück Judentum, das im Laufe der Geschichte in diesem Land gestrandet und rundherum abgeprallt ist.

Yairs Lehrer in Paris, Rav Simchi, der als junger Schüler an der Ponevezh-Jeschiwa in Bnei Barak stundenlang eins zu eins mit Rav Ahron Leib Shteinman sel. A. gelernt hat, war positiv überrascht, dass Yair in Berlin Talmud und halachische Korpora allein immer weiter gelernt hat. Er empfand es als etwas, das seinem Verständnis dieser

Texte eine besondere Aura, einen besonderen Charakter verlieh. Auf der anderen Seite fehlte in unseren alltäglichen Koordinaten das Gespräch, das über die Generationen hinweg in den *Batei Midrasch* und den Lerngruppen übertragen wurde, so sehr, dass, als wir diese Verbindung in Paris erreichten, es war, als hätten wir unsere Hände in ein frisches, plätscherndes Flüsschen hineingesteckt. Für mich war es überwältigend, mit Madame Wolf zu lernen, die in Gibraltar geboren wurde, an der Bar-Ilan-Universität promovierte und sieben Kinder aus zwei Ehen hat, die letzten fünf bekam sie im Alter zwischen 40 und 45 Jahren, eine ganze Reihe von Sprachen – von Arabisch bis Jiddisch – spricht, und chassidisch geworden ist. Als wir in ihrem kleinen Wohnzimmer voll mit Büchern auf jeder horizontalen Fläche vom Boden bis zur Decke saßen, lernten wir die jüdischen Gesetze, die *Halachah*. Sie erzählte dabei über alle Wunder und Abenteuer zwischen den Kontinenten ihres Lebens. Nachdem wir zunächst Teil einer polnischstämmigen Betergemeinschaft in Paris waren, sind wir inzwischen zu einer marokkanischen, der *Hevrat Pinto*, gewechselt. Hier haben wir aufregende neue Wege für die Untersuchung und Auseinandersetzung mit rabbinischer Literatur entdeckt.

In Marrakesch besuchten wir die Gräber berühmter Rabbiner, die *kivrei tsaddikim*, von denen einige der spanischen Inquisition entkamen, und kosteten die *Pastille* oder *Bestilla* von Titty, der Schwägerin unseres Metzgers in Paris, der uns zu ihr geschickt hatte. Nach der Rückkehr aus Krakau zeigte Yair seinen Freunden im talmudischen Lehrhaus, dem *Kollel*, die Bilder der Synagoge von

Rama (Rabbi Moshe Isserles) und sie fragten, ob dort die Leute noch beteten. Ich antwortete, ja, aber hauptsächlich Touristen, und dazu noch einige Nichtjuden, die kommen, um auf betende Juden zu starren, wie es oft auch in Berlin geschieht. Yosef Karo (das ist wirklich sein Name, genau wie der Autor des jüdischen Hauptgesetzbuches, des *Schulchan Aruch*) fragte ratlos: »Aber warum sollten sie das tun?« Wie erklärt man ihm die Mischung aus Philosemitismus und Voyeurismus und etwas anderem Undefinierbarem? Nach den Verwüstungen des Krieges erlebten Rom und Paris ähnliche Wege der Rückkehr der Gemeinde zum religiösen Leben, *Chasarah Be-Teschuwa*, ergänzt um den intellektuellen Reichtum der Diaspora.

Berlin hat dieses natürliche jüdisch-religiöse Leben nicht, von dem man erwartet, dass es selbstverständlich ist. Der Verlust des jüdischen Selbst, der durch den europäischen Nationalismus ausgelöst wurde und seinen Höhepunkt in der Schoah erreichte, kann nach unserer persönlichen Erfahrung nur mittels jüdischer Begriffe geheilt werden, durch verkörperte jüdische Identitätserfahrungen wie koscheres Essen oder Talmud-Tora. Um Teil des allgemeinen (jüdischen) Gesprächs zu sein, sollte das Judentum in Deutschland also nach unseren Erfahrungen den Jargon der gemeinsamen Bedeutungscodes und der gemeinsamen emotionalen und intellektuellen Sprache fließender verwenden, in der die jüdische Provinz sich selbst über Länder hinweg verständigt und versteht. Gleichzeitig, wenn wir unser jüdisches Selbst und seine Bedeutung reflektieren, ist die von Max Czollek vertretene Desintegration von der deutschen beherrschenden

Cecilia und Yair Haendler

Kultur und die Weigerung, eine Rolle im Theater einer solchen Gesellschaft zu spielen, das inhärente Ergebnis. Das jüdische ultimative Anderssein verlangt aber nach Komplexität, ungewöhnlichen Antworten und ungewöhnlichen Geschichten.

Drei inspirierende Leute, die für uns diese Originalität, Komplexität und Schönheit in Berlin darstellen, sind Rabbanit Batscheva Segal von Chabad (die die oben erwähnte Nastia, wie sie es erzählte, durch ihre tiefen politischen Einblicke in aktuelle Angelegenheiten bezüglich Nordkorea überrascht hat) mit ihrem unvergesslichen Vortrag über jüdisches Gebet in einem der von ELES veranstalteten Seminare; und auch Masal Daus, die gleichzeitig mehrere entscheidende Orte im jüdischen Leben in Berlin belebt, wie das rituelle Bad, die *Mikwe*, oder die Sefardische Gemeinde, ihre große Familie, ihr offenes Haus, in das man einfach eintauchen kann, wann immer man möchte; und schließlich Yael Merlini, eine Schullehrerin ursprünglich aus Italien, an deren Schabbes-Tisch man ein exquisites *parve*, also ohne milchige Produkte zubereitetes Tiramisu, kosten, ihre Gemälde an den umliegenden Wänden sowie ihre wunderschönen Kopftücher betrachten, und mit der man über all die in der Wohnung verstreute italienische Literatur sprechen kann.

Martin Goodman, Professor für Jüdische Geschichte in Oxford, formulierte in Bezug auf die Suche nach einem einigenden Punkt in der jüdischen Geschichte: Man kann keine Geschichte der Juden ohne G-tt schreiben, erzählen und begründen. Man kann aber sehr wohl von einem sehr überraschenden und bemerkenswerten talmudischen G-tt erzählen. Und selbst wenn man es ablehnt, kann man es nicht vermeiden, sich auf dieses Weltbild zu beziehen, das der westlichen Welt antithetisch ist und auf einer besonderen Idee des g-ttlichen Gesetzes beruht. In Goodmans Worten fehlt sonst der Verbindungspunkt dieser Geschichte, dieses Volkes, und das Ganze würde keinen Sinn ergeben und nicht zusammengehalten werden können. Dieses Berichten und Beziehen beinhaltet die Texte, die Kultur und Denkweise sowie die Formen der verkörperten, öffentlichen religiösen Praxis des Judentums, weit weg vom hegemonialen christlich-westlichen Rahmen. Und es gibt immer zu viel davon, das heute in Deutschland noch nicht bekannt ist, sowohl für Juden als auch für Nichtjuden. Shulem Deen, der in der haredischen, der religiösen Welt als Teil einer chassidischen Sekte gelebt und sie später verlassen hat, hat in *The Forward* erklärt, dass das Talmud-Lernen etwas bleibt, das er als Jude nicht aufhören kann zu praktizieren: »Ich frage mich ständig, warum verpflichten sich nicht mehr Juden dem Lernen der Texte – einer der wenigen Sachen, die einzigartig unser ist und von Männern und Frauen gleichermaßen angenommen werden kann; religiös oder säkular; Juden von Geburt oder nach Wahl; Sefardi, Misrachi oder Aschkenasi; ›Seinfeld‹-Enthusiasten oder Pastrami-auf-Roggen-Liebhaber. Manche machen sich heute Sorgen um jüdische Kontinuität oder um die Zukunft der ›jüdischen Identität‹. Ich nicht. Meine Sorge ist nicht für die Zukunft, sondern für die Gegenwart. Die Frage ist für mich nicht, ob wir sein werden oder nicht. Die Frage ist, wie sind wir jetzt.«

Cecilia und Yair Haendler

Weil wir hier, in Berlin, leben möchten – wegen unserer Freunde, die unsere Geschichte, Persönlichkeit und Subjektivität so viel genährt haben, wegen unseres Volkes, weil es jeden Tag darum geht, aufzubauen, zu diskutieren, zu hinterfragen, wie wir jetzt sind –, wünschten wir uns, dass die Mehrheitsgesellschaft und in Teilen auch der Staat aufhörten, die Entwicklung eines Judentums, das sich sehr von der deutschen Kultur unterscheidet, auszuschließen. Zuletzt wurde dies in der entsetzlichen Beschneidungsdebatte sichtbar oder den Aufrufen zum Verbot des rituellen Schlachtens, der *Schechita*. Wir wünschten uns ein jüdisches Leben, das in seiner ganzen Entfaltung nicht den Deutschen, sondern den Juden erlaubt und erhalten ist.

Der Schabbat endete spät. Wir trafen uns in einem Café, aus dem wir später rausgeschmissen wurden, weil wir zu laut waren. Wir liefen die ganze Nacht durch die schlafende Stadt. Wir konnten nicht aufhören zu laufen, versteckte Höfe und leere Straßen zu betreten, zu reden und still zu sein, als ob wir erwarteten, dass etwas passieren sollte. Da waren wir beide, zusammen mit Nastia, Valentin und Benjamin. Und es war das letzte Mal, dass wir uns vor der Hochzeit gesehen haben. Am Morgen danach hatten wir einen Flug zurück nach Paris. Wieder waren wir für ein paar Tage in Berlin. Wir wussten, dass in der Begegnung und Verflechtung unseres Lebens in Berlin viel zu feiern war. Ein Kellner räumte Tische und Stühle in einem gerade schließenden Restaurant zusammen. Er starrte uns an. Jemand nickte ihm zu. Er hat Valentins Kippa bemerkt. Der Kellner sagte: »Also ihr fastet?«

Benjamin antwortete: »Das sind doch die Muslime.« Der Kellner sah aus, als fühle er sich unbehaglich: »Ach so, ihr seid das andere Ding ...« Benjamin: »Juden.« Kellner: »Ihr trinkt also keinen Wein, oder?« Valentin: »Doch, das machen wir schon. In unserer Religion ist es eine Pflicht zu trinken.« Wir gingen weiter.

Fernweh ist mein Lieblingswort im Deutschen

Meytal Rozental[1]

Ich bin 33 Jahre alt und komme ursprünglich aus Israel – aus der Nähe von Haifa, im Norden. Seit sechs Jahren lebe ich in Berlin. Vor Kurzem habe ich mein soziokulturelles Masterstudium in Frankfurt an der Oder mit dem Schwerpunkt Migration und Ethnizität abgeschlossen.

Als ich gebeten wurde, über die Geschichte meiner Familie zu berichten, dachte ich mir: Oi, ich weiß nichts darüber! Die Geschichten meiner Vorfahren sind mit ihnen gestorben – meine Großeltern haben ungern über ihre Vergangenheit gesprochen, und meine Eltern haben nicht nachgefragt, so wie es damals oft war in Israel.

Meine Großmutter väterlicherseits wurde 1912 in Transsilvanien geboren. Damals war das noch Ungarn. Mein Großvater väterlicherseits kam 1901 irgendwo in Rumänien zur Welt. Vor dem Krieg hatte er elf Geschwister, war verheiratet und Vater von vier Söhnen. Während des Krieges ist er in den Osten geflohen und hat die Kriegsjahre in einem russischen Arbeitslager verbracht. Oma war in Auschwitz – das wissen wir nur wegen der Nummer, die auf ihrem Handgelenk eintätowiert war – und danach in einem Arbeitslager. Oma und Opa haben sich in dem Dorf kennengelernt, aus dem die Oma stammte, sie haben geheiratet und Kinder bekommen.

Nach dem Krieg haben die beiden anderen Juden geholfen, die Grenze zu Ungarn zu überqueren. Im Dorf

gab es nur noch zwölf jüdische Familien. Bis meine Großeltern selbst bereit waren zu migrieren, war es zu spät –
die rumänischen Kommunisten hatten die Grenzen ge-
schlossen, und sie mussten bis 1964 ausharren. Da mein
Großvater aus einer orthodoxen Familie kam, wollte
er unbedingt nach Israel. Er war kein Zionist, aber er
glaubte, in einem Land, dessen Bewohner ausschließlich
jüdischer Herkunft sind, müsse Frieden herrschen.

Sie wurden nach Rosch Pina geschickt, eine Stadt, die
weder arm noch religiös war. Meine Großeltern waren
jedoch beides. Die Familie meiner Mutter kam aus Budapest. Sie waren gebildet, kleinbürgerlich und haben dort
vor dem Krieg ziemlich gut gelebt. Die Familie meines
Großvaters war irgendwann nach Brasilien migriert, aber
kurz vor seiner Geburt zurück nach Ungarn gekommen.
Leider. Die Familie meiner Oma hatte ein gut laufendes
Import-Export-Geschäft. Als die Nazis 1944 nach Ungarn
kamen, hat sich meine Großmutter gefälschte Papiere
besorgt. Sie sah sehr »arisch« aus – blond, grüne Augen.
Dazu sprach sie perfekt Deutsch.

Während sich ihre Eltern im Keller des eigenen Ge-
schäfts versteckten, ist sie tagsüber an unterschiedlichsten Orten untergetaucht. Nachts brachte sie ihren Eltern
Essen. So haben sie alle den Krieg überlebt. Ihrem ersten Mann und ihrem Bruder gelang das allerdings nicht.
Mein Opa ist Richtung Osten geflohen und in einem
russischen Arbeitslager gelandet. Nach dem Krieg kam er
zurück nach Budapest. Seine ganze Familie hat den Krieg
nicht überlebt. Meine Oma hatte vor dem Krieg Pharma-
zie studiert, der Opa indes verschiedene Geschäftsideen

Meytal Rozental

ausprobiert – er war zum Beispiel Filmproduzent gewesen und hatte professionell Hockey gespielt. Nach dem Krieg hat er ein Feinkostgeschäft in Budapest aufgemacht.

Meine Mutter erinnert sich, dass sie als Fünfjährige die russischen Panzer nach Budapest hereinrollen sah – sie hat sich darüber gefreut und ihnen vom Balkon aus zugewunken. Meine Oma hat sich darüber nicht ganz so sehr gefreut, denn bis zu diesem Zeitpunkt hatte sie noch geglaubt, dass der ungarische Widerstand erfolgreich sei und sie nicht noch einen Krieg durchleben müssten. Als 1956 klar war, dass die kommunistische Besatzung real würde, haben meine Großeltern zwei Visa-Anträge gestellt – einen für Israel und einen für Neuseeland. Das Visum für Israel wurde als erstes bewilligt, und so sind sie 1957 dort angekommen – in Beer Scheva. Es war ihnen gesagt worden, Beer Scheva sei fünf Minuten von Tel Aviv entfernt und außerdem »the film capital of Israel«. Beides stimmte natürlich nicht. Obwohl beide Ungarisch, Englisch, Französisch und Deutsch sprachen, konnten sie sich nicht verständigen, denn sie beherrschten weder die arabische noch die hebräische Sprache. Meine Oma war die Einzige von allen vier Großeltern, die noch Hebräisch gelernt hat, und das im Alter von vierzig Jahren. Sie waren nicht mehr jung und vor allem keine Pioniere, die nach Zion kamen, sondern Menschen in ihren Vierzigern, ihren Fünfzigern – ohne Sprache, ohne Arbeit. Aber man musste arbeiten, um zu überleben. Also hat mein Opa, nach vielen missglückten Geschäftsinitiativen und dem Verkauf von Omas Schmuck, als Kuchenlieferant in einer Bäckerei angefangen und in seiner Freizeit als Schiedsrichter beim Fußball ausgeholfen und meine Oma als Kassiererin in dem einzigen Kino der Stadt.

Ich bin in Kiryat Ata aufgewachsen, wo ich mich immer fremd fühlte. Mein Lieblingswort im Deutschen ist »Fernweh«, da es dieses besondere Gefühl genau beschreibt, das ich immer in mir trug, aber nicht ausdrücken konnte.

Es ist ein Bedürfnis, woanders zu sein, etwas anderes zu erleben. Als Kind war es mein Traum, Botschafterin zu werden. Damals dachte ich, das sei der einzige Weg, um die Ferne zu erleben. Erst später habe ich verstanden, dass man als Botschafterin den Staat Israel repräsentieren muss. und das kam für mich nicht infrage.

Nach meinem Militärdienst bin ich viel gereist. Anschließend bin ich zum Studium nach Jerusalem gezogen. Jerusalem war für mich der erste Kontakt mit dem »Hardcore-Israel«: Palästinenser und Ultraorthodoxe, Pilger und Touristen, Kunststudenten und Minister – von allem etwas. Bis heute bin ich von Jerusalem fasziniert, doch gleichzeitig habe ich eine sehr ambivalente Beziehung zu dieser Stadt. Nach vier Jahren Studium und dem Bachelor-Abschluss bekam ich die Zusage für ein Masterstudium an der Jerusalemer Universität. Auch ein Job an der Uni war fest. Aber ... das Fernweh ist wieder erwacht. Ich wollte nur kurz verreisen. Ich hatte Tickets nach Kairo gekauft und wollte ein paar Wochen dort verbringen. Das war Ende Januar 2011.

Zwei Tage vor meiner Abfahrt brach der Arabische Frühling aus und ich konnte natürlich nicht hin. Kurz davor hatten wir in unserer Wohnung einen Couchsurfer

Meytal Rozental

aus Berlin gehabt, der sehr nett war. Warum also nicht Berlin? Die Flugtickets waren günstig und ich hatte einen Ort zum Übernachten. So bin ich für zehn Tage nach Berlin gekommen. Und plötzlich hatte ich das Gefühl, dass ich nicht mehr nach Jerusalem zurückkehren kann. Die Stadt erschien mir zu anstrengend, zu angespannt, zu segregiert. Wenn man dort seinen Alltag lebt, spürt man das nicht. Aber sobald man diesem entkommt, merkt man es. Ich konnte wieder atmen!

Meine Oma war ein großer Fan von Deutschland, auch nach dem Krieg noch. Sie interessierte sich für deutsche Philosophie, Literatur und Musik, deutsche Kultur war für sie eine große Sache. Meine Mutter findet es sehr schön, dass ich jetzt Deutsch spreche – das erinnert sie an ihre eigene Mutter. Seitdem ich in Berlin lebe, wohne ich in Neukölln, einem Stadtteil, in dem viele einen Migrationshintergrund haben. In meinem Freundeskreis gibt es Menschen aus Italien, den USA und Deutschland, aber auch aus Palästina, Syrien und Ägypten – Menschen, mit denen ich vorher keinen Kontakt hatte, weil ich keinen Kontakt haben durfte. Die Vielfalt von Weltanschauungen und Perspektiven, die ich kennengelernt habe, ist enorm im Vergleich zu Israel, wo das Leben sehr, sehr eingeschränkt und maßgeblich von politischen Entscheidungen geprägt ist. So eine Entscheidung war zum Beispiel, dass meine Eltern sofort nach ihrer Alija »Israelis« werden und ihre ungarische Identität ablegen mussten. Das ist der Grund, warum ich keine gemeinsame Sprache mit meinen Großeltern hatte. Sie, ich und die nächsten Generationen von Israelis lernen in der Schule, dass wir

Juden immer Opfer waren, Opfer sind und immer bleiben werden, denn alle wollen uns umbringen. Davor soll man sich ängstigen und deswegen gegen die Feinde, die Gojim kämpfen. Ich finde es unerhört, dass Israelis ein Teil des Nahen Ostens sind, aber kein Arabisch lernen. Dass in Israel Menschenrechte von Minderheiten ständig verletzt werden, Nichtjuden diskriminiert werden, Nationalismus, Kapitalismus und Religion eine immer größere Rolle spielen, und zwar auf Kosten von Universalismus, Solidarität mit anderen und Mitgefühl.

Das ist genau das Gegenteil von dem, was Leute wie meine Eltern sich für die Zukunft Israels vorgestellt haben.

Deswegen bleibe ich in Berlin – trotz des Wetters, des Essens, der Sprache, der Bürokratie, des schmerzlichen Vermissens. Ich habe mit der jüdischen Gemeinde in Deutschland nichts zu tun, auch mit der israelischen als solcher nicht. Ich verstehe mich als Jüdin weder wegen meiner Religion (ich bin Atheistin) noch wegen der Ethnizität (ich halte ethnische Unterscheidungen zwischen Menschen für sehr gefährlich) und vor allem nicht wegen der Nationalität (ob ich damit zufrieden bin oder nicht, ich bin Israelin. Ich glaube nicht, dass das ein Recht ist, das mit dem Judentum verbunden sein sollte). Ich verstehe mich als Jüdin wegen der Geschichte meiner Familie und der kulturellen Aspekte des Judentums, die mich geprägt haben.

Eine Sache, die mir sehr wichtig ist, ist die Wahrnehmung von Juden vor dem Zweiten Weltkrieg – als Universalisten, als Menschen, die mit keinem Nationalstaat verbunden sind, nicht verbunden sein können oder dürfen! Daraus entwickelt sich eine ganz andere Weltsicht, die auf Solidarität basiert und auf Beziehungen baut. Das war bei den deutschen Juden vor dem Krieg besonders deutlich zu beobachten. Menschenrechte, so schreibt Hannah Arendt, wurden zuerst wichtig in Bezug auf Juden, die keine Bürgerrechte hatten, da sie keine Bürger waren. Und dieser Gedanke ist in und mit Israel verloren gegangen.

Ich habe einen ungarischen Pass und meine Eltern kommen aus Europa, aber ich bin keine Europäerin. Ich habe nicht das Bedürfnis, ein Land als »meins« zu bezeichnen. An bestimmten Orten, mit bestimmten Menschen, mit meiner Familie fühle ich mich zu Hause. Nicht unbedingt in Deutschland, nicht unbedingt in ganz Berlin, aber in Neukölln schon, weil in Neukölln alle auf eine Art und Weise fremd sind. In dieser Fremdheit habe ich nicht das Gefühl, dass mir von außen eine Zugehörigkeit, eine Identität zugeschrieben wird. Die Mischung von Kulturen ist meine Welt. Deshalb, und teilweise auch wegen der Geschichte meiner Familie, habe ich mich für Kultur- und Migrationsforschung und für die Arbeit mit geflüchteten Menschen entschieden. Wenn ich etwas von der Geschichte der Juden gelernt habe, dann, dass wir eine besondere Verantwortung haben für Menschen, die von der Gesellschaft ausgegrenzt und vertrieben werden aufgrund ihrer Ethnizität, Religion, Kultur, Sexualität, Nationalität.

Migration und Integration sind meiner Meinung nach die größte globale Herausforderung unseres Zeitalters.

Millionen von Menschen, die niemals die Absicht hatten, ihr Zuhause zu verlassen, sind mit ähnlichen Schwierigkeiten konfrontiert, wie es meine Familie war – und mit vielen noch schlimmeren. Ich hatte das unglaubliche Glück, selber entscheiden zu können, wo ich mein Leben leben möchte. Dieses Glück hatten meine Großeltern damals und haben über 65 Millionen Menschen weltweit heutzutage nicht. Als Jüdin, Migrantin und Mensch fühle ich mich verpflichtet, ihnen zu helfen, in welcher Form ich auch kann.

---

1 Eine frühere Fassung dieses Textes stammt aus dem Ausstellungskatalog #Babel21 – Migration und jüdische Gemeinschaft. Dmitrij Belkin (Hg.), Berlin 2017.

Meytal Rozental

Zwischen Assimilation
und Desintegration

Keine Juden mehr für Deutsche?[1]

Max Czollek

Normalerweise läuft das so ab: Deutscher Journalist trifft jüdische Künstlerin. Journalist: Was ist die Geschichte Ihrer Familie? Also ich meine im Zweiten Weltkrieg, also den Holocaust, also haben Sie Familie im Holocaust verloren? Und was ist Ihre Erfahrung mit Antisemitismus? Also ich meine heute in Deutschland, haben Sie schon einmal Antisemitismus erlebt? Und noch was: Haben Sie eigentlich Verwandte in Israel? Ich war ja auch mal da. Das Essen, wunderbar, und die Leute sind so hübsch. Besonders die Frauen, aber auch die Männer. Jaja, das macht die Armee aus Menschen. Nur schade das mit den Palästinensern, könnte doch so ein tolles Land sein!

Wenn Sie diese Situation kennen, dann waren Sie schon einmal Teil einer Aufführung auf der Bühne, die der Soziologe Michal Bodemann als *Gedächtnistheater*[2] bezeichnet hat. Das Gedächtnistheater fasst das Gedenken »als kreativen und dramatischen Akt, der einem Stück im Theater gleicht«.[3] Es konstituiert sich aus drei Elementen:

1. Deutsche Täter*innen und ihre Nachkommen treffen auf jüdische Opfer und inszenieren ihre Läuterung.

2. Es ist ein Ausdruck von Trauer, »typischerweise über einen solidaritätsstiftenden Akt bluttätiger Gewalt«[4], was hier selbstverständlich der Holocaust bzw. die Schoah ist.

3. Es erfüllt die Funktion »kollektive[r] Identitätsstif-

tung«[5], nämlich die Konstruktion eines neuen deutschen Selbstbildes. Folgerichtig hat der Autor Maxim Biller die Schoah als die »Mutter eines endlich gefundenen deutschen Nationalbewußtseins«[6] bezeichnet.

Im Gedächtnistheater sind Juden und Jüdinnen zwar wichtig, aber wie beim Schauspiel auch geht es nicht um ihre Person, sondern um die Rolle, die sie spielen – ihre symbolische Bedeutung als Vertreter*innen der Vernichteten, ihre Rolle als Juden für Deutsche. Historisch gesehen markiert die jüdische Rolle im Gedächtnistheater einen bemerkenswerten Umschwung. Denn in der christlich-religiösen Judenfeindschaft wie auch im linken, rechten und liberalen Antisemitismus im Deutschland des 19. und 20. Jahrhunderts durften Juden und Jüdinnen ausschließlich antagonistische Rollen als Jesusmörder, Kinderschänder, Großkapitalisten oder Kommunisten spielen. In der postnationalsozialistischen Gesellschaft[7] hingegen sind sie zu einem essentiellen Bestandteil der *Passionsspiele der Erinnerung* geworden, wie der jüdische Historiker und Publizist Dan Diner das Gedächtnistheater einmal genannt hat.

Kehren wir zur eingangs geschilderten Szene zurück: die Fragen des Journalismus nach Antisemitismus, Schoah und Israel markieren zentrale Punkte im Koordinatenfeld, welches die Repräsentation von Jüdinnen und Juden in Deutschland reguliert. Juden in Deutschland, das sind langbärtige Stetl-Bewohner, depressiv-ehrgeizige Salonbetreiber*innen, Haskala-Mendelsohns oder braun gebrannte Muskeljuden aus Tel Aviv. Juden sind diejenigen, die die Deutschen umgebracht haben. Woran der

Journalist nicht denkt, ist, dass das Selbstverständnis der Künstlerin möglicherweise gar nichts mit den jüdischen Anteilen ihrer Identität zu tun hat. Was er auch nicht bedenkt, ist die Anwesenheit von Juden oder Jüdinnen in Deutschland, deren Vorfahren nicht von den Deutschen umgebracht wurden. Die lassen sich auch nur schwer in Bezug zum deutschen Selbstbild setzen. Damit sind eine ganze Menge jüdischer Erfahrungen aus dem Raum möglicher Repräsentierbarkeit ausgeschlossen, von den Mizrachim aus dem Iran, Irak, Yemen oder Marroko bis zur Beta Israel aus Äthiopien, um nur einige zu nennen.

Die begrenzte Repräsentierbarkeit jüdischer Realitäten ist folgerichtig, bedenkt man, dass das Gedächtnistheater nicht dazu dient, jüdische Pluralität abzubilden, sondern das Bedürfnis der deutschen Gesellschaft nach Versöhnung mit ihrer eigenen Gewaltgeschichte inszeniert. Da die Konstruktion des deutschen Selbstbildes seit einigen Jahrzehnten wesentlich durch eine bestimmte Erinnerungspolitik geprägt wird (Stichwort: Erinnerungsweltmeister), stabilisieren die Juden dieses Selbstbild vor allem dadurch, dass sie auf Fragen nach Schoah, Antisemitismus und Israel antworten. Was passiert, wenn die jüdische Künstlerin im eingangs geschilderten Gespräch sich weigert, die Fragen des Journalisten zu beantworten? Die Enttäuschung wird sich in seinen Augen ablesen lassen, ich habe das häufiger erlebt. Und die Künstlerin wird weniger interessant sein für die deutsche Öffentlichkeit, die etwas anderes erwartet und eine Erfüllung dieser Erwartungen einfordert. Die Künstlerin, die ebenso gut eine Wissenschaftlerin sein könnte, würde mit ihrer

Max Czollek

Weigerung also ihre gesellschaftliche Anerkennung aufs Spiel setzen. Ich komme darauf zurück.

Wenn lebende Juden und Jüdinnen unangenehm werden, dann kann man von deutscher Seite auch auf sie verzichten. Zerstörte Synagogen lassen sich auch ohne jüdische Beteiligung aufbauen, jüdische Museen mit deutschen Leiter*innen ausstatten und bei gemeinsamen Feierstunden kann man sich auch dann auf die Schultern klopfen und Prosecco trinken, wenn keine Juden oder Jüdinnen anwesend sind. Aber das Gedächtnistheater macht natürlich mehr Spaß, wenn »jüdische Dramen und jüdische Schauspieler«[8] mitmachen, das verleiht der ganzen Geschichte etwas mehr Authentizität. Und selbstredend lässt die Rollenbeschreibung einen gewissen Spielraum zu: Vielleicht ruft eine Jüdin zur Verteidigung Israels auf oder fordert ein Jude dessen Zerstörung. Vielleicht gibt eine dritte sich versöhnlich und ein vierter pöbelt sich durch die Feuilletons. Vielleicht geht eine fünfte zu einer der berüchtigten Meshugge-Partys und schleppt eine Deutsche ab, die heute zum ersten Mal da und wirklich beeindruckt ist von dieser Lebenslust und all den schönen Menschen. Was immer Juden oder Jüdinnen tun – wichtig ist allein, dass sie danach bereitwillig Auskunft geben, dass sie es *für die Deutschen* tun.

Wenn ich bei dieser Diskussion den Begriff »jüdische Position« jenem der »jüdischen Identität« vorziehe, dann, weil ich davon ausgehe, dass Juden und Jüdinnen im Gedächtnistheater vor allem eine Funktion erfüllen, die mit dem jüdischen Anteil ihrer Identität nicht übereinstimmen *muss*. Genau an diesem Bruch zwischen Rollenerwartung und Jüdischkeit setzen die Arbeiten an, die ich gemeinsam mit Sasha Marianna Salzmann am Studio Я des Maxim Gorki Theaters realisiert habe. Die erste Veranstaltung trug den programmatischen Titel *Desintegration. Ein Kongress zeitgenössischer jüdischer Positionen* und fand vom 6. bis 8. Mai 2016 statt. Die Fortsetzung folgte unter dem Titel *Radikale Jüdische Kulturtage* im November 2017. Als *Desintegration* bezeichneten wir den Versuch, das Verhältnis zwischen der dominanten deutschen Erwartung und der jüdischen Reaktion kritisch zu hinterfragen und künstlerisch zu unterwandern. Eine der vielen Strategien der Desintegration, die wir seither ausprobiert haben, bestand in der Verkehrung bestehender Macht- und Repräsentationsverhältnisse durch die ironische Brechung. Entsprechend hieß es in der Einladung zum Kongress: »Alle sind eingeladen, sogar Deutsche.«

Einen weiteren Ausgangspunkt für die Theaterarbeiten bildete die sowjetische und israelische Migration nach Deutschland, die seit den Neunziger- bzw. Nullerjahren stattgefunden hat. Beide liefern wichtige Impulse für eine Unterwanderung des Gedächtnistheaters. In Israel beispielsweise ist die aschkenasische Perspektive auf die Schoah zwar dominant, aber sie steht eben doch neben anderen jüdischen Erfahrungen. Die poetischen Interventionen der mizrachischen Lyrikerin Adi Keissar, deren Eltern aus dem Jemen stammen, sind nur ein Beispiel für ein jüdisches Narrativ, in dem die Schoah keinen zentralen Stellenwert einnimmt. Ein weiteres Beispiel ist der Bezug sowjetischer Jüdinnen und Juden und ihrer Nachkommen auf den 8. Mai als Tag des Sieges über den Faschismus. Dieses Gedenken markiert – unabhängig von der ideologischen Aufladung dieses Datums zu Zeiten des Kommunismus und im heutigen Russland – einen radikalen Bruch mit dem 9. November und 27. Januar als den beiden zentralen deutschen Gedenktagen an die Vernichtung des europäischen Judentums. (Post)sowjetische Juden und Jüdinnen wurden nicht aus Auschwitz befreit – sie haben Auschwitz befreit.

Wenn hier auf innerjüdische Ressourcen zur Subversion des Gedächtnistheaters verwiesen wird, dann bedeutet das nicht, dass Juden und Jüdinnen in Deutschland unbeteiligt wären an seiner Aktualität. Im Gegenteil: Die den Juden im Gedächtnistheater zugedachte Rolle haben sie bisweilen zögerlich, häufig jedoch widerspruchlos gespielt. Und im Zuge der Übernahme der Judenrolle wurden die Anforderungen der deutschen Dominanzkultur auf vielfache Weise in das eigene Selbstbild integriert: Reden wir über Antisemitismus, Brüder und Schwestern, lasst uns Juden sein! Das ist für sich genommen schlimm, es bedeutet nämlich, dass die eigene Jüdischkeit vis-à-vis deutscher Erwartungen und Taten gestaltet und ausgedrückt wird. Dieses Problem zeigt sich auch in den Arbeiten jüdischer Künstler*innen. Die Ausstellung *Vot ken you mach*, die vom Dezember 2013 bis Mai 2014 im Kunsthaus Dresden stattfand, zeigte die künstlerischen Antworten von 24 vernehmlich jungen jüdischen Künstler*innen auf die Frage, wer sie seien. Nur zwei der Beiträge bezogen sich nicht auf das Koordinatenfeld Antisemitismus, Schoah, Israel.

Die Reproduktion der jüdischen Rolle im Gedächtnistheater lässt sich auch außerhalb künstlerischer Arbeiten nachvollziehen. So wählte beispielsweise die auflagenstärkste Zeitung des deutschen Judentums, die *Jüdische Allgemeine Zeitung,* im Juli 2015 als Aufmacher den Titel »Unser Sommermärchen«[9]. Über dem Artikel von Roy Rajber war ein Bild der vierzehnten Makkabiade zu sehen, einem seit den Dreißigerjahren von der zionistischen Bewegung veranstalteten internationalen jüdischen Sportwettbewerb, der in diesem Jahr in Berlin stattgefunden hatte. Wem damit der Bezug auf das deutsche Sommermärchen, die Weltmeisterschaft 2006, noch nicht überzeugend genug vor Augen geführt worden war, dem wurden spätestens auf der dritten Seite alle Zweifel aus dem Weg geräumt. Dort sah man eine Bühne, in deren Hintergrund die Deutschlandfahne in Form eines Davidsterns prangte. Darüber der Titel »Was für ein Symbol!«[10], ein Zitat aus der Begrüßungsrede des Schirmherrn und Bundespräsidenten Joachim Gauck, der sich darüber freute, dass die jüdischen Spiele im alten Nazi-Olympiastadion stattfinden konnten.

Die Erfindung eines jüdischen Sommermärchens illustriert eindrücklich, dass das Gedächtnistheater bisweilen das Adjektiv »deutsch-jüdisch« verdient. Und warum auch nicht? Es ist ja kein Geheimnis, dass Juden und Jüdinnen bisweilen nicht viel klüger sind als die Goyim. Außerdem sei es eine Illusion, schrieb Michal Bodemann, »anzunehmen, die Juden lebten in einem medial abgeschirmten Ghetto und würden von deutschen politischen und kulturellen Strömungen nicht mitgeformt«.[11] Die Inszenierungen rund um die Makkabiade 2015 legen den

Max Czollek

Schluss nahe, dass wie unter nichtjüdischen Deutschen so auch unter Jüdinnen und Juden ein Begehren nach einer Aufnahme in den neuen deutschen Normalitätsdiskurs existiert. Denn die Weltmeisterschaft 2006, auf die die Schlagzeile »Unser Sommermärchen« verweist, steht ja nicht nur für ein fröhliches Deutschland, sondern vor allem auch für die Normalisierung von Nationalismus und Heimatgefühl, die mit der Bundestagswahl 2017 auch auf der Ebene der Bundespolitik angekommen ist.

Dabei stellt sich neben der künstlerischen auch eine politische Frage: Warum entscheiden sich Jüdinnen und Juden eigentlich, den deutschen Erwartungen zu entsprechen? Eine Antwort könnte in der Angst vor dem Verlust gesellschaftlicher Anerkennung liegen, die ich weiter oben geschildert habe. Verweigert die Künstlerin ihre Kooperation mit dem Gedächtnistheater, steht zu befürchten, dass eine deutsche Öffentlichkeit das Interesse an ihrer Kunst verliert. Nähert man sich dieser Frage historisch, wird deutlich, dass Jüdinnen und Juden sich jahrhundertelang nach einer Identifikation mit Deutschland gesehnt haben. Die konservative und nationalistische Haltung der Jeckes zeigte sich nicht zuletzt daran, dass der erste Zionistenkongress 1897 statt in München in Basel stattfinden musste. Die jüdische Identifikation mit dem altneuen deutschen Nationalismus könnte man also auch als eine späte Erfüllung der Sehnsucht deutscher Jüdinnen und Juden nach einer gesellschaftlichen Anerkennung verstehen.

Die Kontinuität eines Begehrens nach einer Identifikation mit Deutschland ist dabei, so scheint es mir, nur die eine Seite des Goldzahns. Tatsächlich gab es nach dem Zweiten Weltkrieg eine innerjüdische Auseinandersetzung um die Frage, was eine adäquate Reaktion auf die Schoah sein könnte. Vorschläge reichten von umfassenden Boykottforderungen über die Umwandlung Deutschlands in einen Agrarstaat bis zur Anerkennung deutscher Entschädigungszahlungen. In Deutschland setzte sich dabei zunehmend eine kooperative, wenn nicht versöhnliche Haltung zur deutschen Gesellschaft durch, was nicht zuletzt durch die Isolation der deutschen Jüdinnen und Juden von der jüdischen Weltgemeinschaft befördert wurde. Der bereits erwähnte Michal Bodemann umreist diese Problemlage wie folgt:

»Ab etwa 1949 verloren die Juden in der Bundesrepublik ihre Verbündeten und damit ihre starke Stellung: Die Alliierten sahen die neue Bundesrepublik nun als wichtigen Verbündeten und beendeten deshalb ihre Selbstdefinition als anti-nazistische Kraft in Deutschland – aus jüdischer Sicht wechselten sie das Lager von der jüdischen zur deutschen Seite. Ferner zogen sich die jüdischen Hilfsorganisationen mit der Abwanderung des Gros der Juden nach Israel oder Nordamerika zurück [...]. Die in der Bundesrepublik verbliebenen Juden sahen sich so plötzlich isoliert: Parias in der jüdischen Welt, weil sie in Deutschland geblieben waren, und zu Hause eine verschwindende Minderheit, verarmt, psychisch geschädigt und weitgehend ungeliebt oder verhaßt. In diese Situation erst – und nicht 1945, wie von offizieller jüdischer Seite gerne dargestellt – konstituierte sich die neue jüdische Gemeinschaft, wie wir sie heute kennen: die neue

Max Czollek

jüdische Führung in Deutschland [...] warf sich den Deutschen insgesamt doch opportunistisch in die Arme.«[12]

Diejenigen Jüdinnen und Juden, die nach der Schoah in Deutschland blieben – sei es aus gesundheitlichen, familiären oder anderen Gründen –, hatten die ersten Jahrzehnte nach 1949 einen schweren Stand. Wenn hier von Desintegration die Rede ist, dann geht es mir ganz und gar nicht darum, sich über diese Menschen zu erheben, sondern ihre Situation nachzuvollziehen und zugleich die Möglichkeiten ernst zu nehmen, die die Gegenwart für eine jüdische Selbstbestimmung bietet.

In Bezug auf das jüdische Verhältnis zum deutschen Selbstbild befinden wir uns derzeit an einem Scheidepunkt. Ein Teil der jüdischen Gemeinschaft fühlt sich zumindest hingezogen zum Gedächtnistheater, in dem die Erfüllung eines deutschen Begehrens nach Läuterung für die Anerkennung der Juden als Teil einer jüdisch-christlichen Kultur getauscht wird. Diese Identifikation mit dem deutschen Nationalismus markiert einen Bruch mit der vorhergehenden Generation, da sie sich nicht mehr mit der von Dan Diner konstatierten *negativen Symbiose*[13] zwischen Juden und Deutschen erklären lässt. Ein anderer Teil fühlt sich in dieser Rolle nicht repräsentiert oder lehnt das darin enthaltene Versprechen auf Versöhnung und Normalisierung ab. Trotz einiger wichtiger Vorläufer (z. B. die Frankfurter Bühnenbesetzung im Rahmen der Fassbinder-Kontroverse 1985) ist diese Haltung in ihrer Breite und Wirkung neu und war vor siebzig, fünfzig oder auch nur dreißig Jahren nicht auf dieselbe Weise denkbar, wie sie es heute ist.

Die entscheidende Grundlage für die Desintegration als identitäts- und gesellschaftspolitischer Strategie ist eine jüdische Bevölkerung, die heute größer und vielfältiger ist als jemals seit dem Zweiten Weltkrieg. Diese Vielfalt bildet das Fundament, auf dem die Entkopplung von der deutschen Position erst möglich wird. Heute ist die Allianz mit dem erinnerungswilligen Teil der deutschen Bevölkerung nicht mehr zwingend notwendig. Was nicht bedeutet, dass Juden und Jüdinnen diese Allianzen nicht mehr eingehen *könnten*, aber sie brauchen sie nicht mehr für ihr soziales Überleben. Die Künstlerin vom Eingang hat also die Möglichkeit, in ihrer Verweigerung auf andere Anerkennungsräume auszuweichen – und damit ihr Überleben als Künstlerin zu sichern. Die Kooperation mit dem Gedächtnistheater ist zu einer Entscheidung geworden.

Für eine kritische jüdische Selbstbefragung sind die Zeiten heute besser denn je. Zugleich werden die Repräsentation und die Selbstrepräsentation von Jüdinnen und Juden immer noch durch das Gedächtnistheater reguliert. Die jüdische Makkabiade, von der weiter oben die Rede war, fand nicht im Monbijoupark, sondern im Olympiastadion statt, einem für die propagandistischen Ziele der Olympischen Spiele 1936 errichteten Bau. An einem der Eingänge kann man noch heute den Schatten des Hakenkreuzes ausmachen, das das Tor einst zierte. Die das Event und die Berichterstattung strukturierende Gegenüberstellung von bösen Nazis, geläuterten Deutschen und guten Juden im Olympiastadion mag ein Ausdruck des Bildes sein, welches ein Teil der jüdischen Gemeinschaft von sich selber produzieren möchte. Wie neben-

Max Czollek

bei schließt der das Bild fundierende Bewältigungskitsch jüdische Perspektiven aus, die keinen Bezug zur Schoah haben. Das betrifft vielleicht nicht ganz zufällig die mizrachischen Juden und Jüdinnen, die auch sonst nicht im aschkenasischen Diskurs vorkommen. Hier müsste eine »Wertschätzung innerjüdischer Pluralität«, von der ja auch der Zentralrat der Juden spricht, eine Kritik der Zentralität des Schoahnarrativs und der Identifikationsfreude mit dem deutschen Normalisierungsbegehren beinhalten.

Wir sind die, die die Deutschen nicht gänzlich umbringen konnten – Die Zentralität des Schoahnarrativs impliziert ein bestimmtes Verständnis von Jüdischkeit, welches die 2006 eröffnete Synagoge in München illustriert. Um den Gebetsraum zu erreichen, muss man einen Kellergang passieren, auf dessen ganzer Länge die Namen der Toten und der Konzentrationslager vermerkt sind. Das finde ich nicht nur aufdringlich, es ist auch nicht weniger kitschig als Olympische Spiele für Juden im Nazi-Olympiastadion. Ich finde es aber auch religiös fragwürdig, die Schoah als Filter vor das Gebet zu stellen. Ist es eine gute Idee, wenn man direkt vor dem Beten an die katastrophale Abwesenheit Gottes während der Judenvernichtung erinnert wird? Besucht man also eine Synagoge wegen oder doch eher trotz der Schoah? Diese Frage diskutiert auch der litauische Autor und Überlebende Zvi Kolitz in *Jossel Rakovers Wendung zu Gott*[14]. In einem ursprünglich auf Jiddisch verfassten Monolog wendet sich Jossel Rakover während der letzten Stunden im Warschauer Ghetto an Gott:

»Du sagst, daß wir gesündigt haben? Aber natürlich! Und dafür werden wir bestraft? Auch das kann ich verstehen. Ich will aber, daß Du mir sagst, ob es irgendeine Sünde auf der Welt gibt, die eine solche Strafe verdient, wie wir sie bekommen haben!«[15]

Die jüdische Tradition sagt, dass Gott einen für böse Taten zehn Generationen bestraft, für gute aber auf hundert Generationen belohnt. Nun ist die eine Frage, was die vernichteten Juden und Jüdinnen gemacht hatten, dass sie diese Bestrafung verdienten. Jossel Rakover hat recht, wenn er angesichts der Schoah die Frage nach der Ursache selbst von sich weist. Zugleich schließt die Frage nach der jüdischen Schuld die aktuelle Frage mit ein, ob die deutsche Seite bereits heute einen Straferlass verdient hat, wie große Teile der Gesellschaft ihn gegenwärtig als Normalisierung von Nationalismus und Heimatliebe einfordern. Wir sind schließlich noch lange nicht in der zehnten Generation. Mit Zvi Kolitz ließe sich die These aufstellen, dass Normalisierung bis auf weiteres ein unerreichbares Ziel bleiben wird. Rakover führt aus:

»Du sagst, Du wirst es unseren Feinden noch heimzahlen? Ich bin überzeugt, daß Du es ihnen erbarmungslos zurückzahlen wirst – gnadenlos. Auch daran zweifle ich nicht. Ich will aber, daß Du mir sagst, ob es überhaupt irgendeine Strafe auf der Welt geben kann, die imstande ist, die Verbrechen zu sühnen, die gegen uns begangen wurden?«[16]

Rakover impliziert eine negative Antwort. Nichts kann die Verbrechen sühnen und darum wird es auch keine Normalität mehr geben. Und als Beleg braucht es nicht

Max Czollek

einmal einen Rückgriff auf die jüdische Religion, den Verweis auf die Vererbung von Traumata oder die sichtbare Lücke, die die Vernichtung jüdischen Lebens in der deutschen Gesellschaft bis heute hinterlässt. Als Beleg für die Abwesenheit der Normalität genügt ein Blick in die politische Kultur Deutschlands. Mit der AfD ist eine offen völkische Partei in den Bundestag eingezogen. Die SPD will eine positive Heimatpartei sein. Die Deutsche Bahn möchte einen Zug »Anne Frank« nennen und versteht nicht, was das Problem daran sein könnte. Ein Minister der CSU fordert eine »konservative Revolution«.[17] Ein anderer wird erster gesamtdeutscher Heimatminister und verkündet kurz darauf, dass der Islam nicht zum jüdisch-christlichen Deutschland gehört. Das ist deutsche Normalität 2018.

Das Sprechen von der jüdisch-christlichen Kultur ist Teil des Versuchs rechter und konservativer Politiker*innen, den Islam aus der deutschen Gesellschaft auszuschließen – das Judentum aber nicht. Dieses Divide-et-impera-Spiel sollten jüdische Vertreter*innen nicht mitspielen, auch wenn es die jüdische Bevölkerung vielleicht kurzfristig vor Diskriminierung bewahrt. Gegen die Versuchung dieser temporären Kooperation mit den Mächtigen hilft Geschichte: Wenn es an die Ausgrenzung von Minderheiten ging, waren die Juden und Jüdinnen stets schneller auf Seiten der Diskriminierten, als sie es wahrhaben wollten. Oder um das noch einmal anders zu sagen: Wer sich ein Deutschland ohne Muslim*innen wünscht, der wünscht sich auch ein Deutschland ohne Juden und Jüdinnen.

Es gibt meiner Meinung nach gute Gründe, sich von den Ansprüchen und Wünschen der deutschen Täter*innen und ihrer Nachkommen zu distanzieren. Dazu gehört eine Kritik der jüdischen Rollen im Gedächtnistheater, in denen wir uns die letzten Jahrzehnte über eingerichtet haben. Wenn man dabei nicht den von mir skizzierten politischen, ästhetischen oder religiösen Argumenten folgen möchte, bleibt das strukturelle Problem, dass ein Teil der heute in Deutschland lebenden Jüdinnen und Juden aus dem Koordinatenfeld jüdischer Repräsentation ausgeschlossen sind. Desintegration bedeutet die Erzeugung eines Raums, in dem diese Perspektiven wahrgenommen werden. Ich glaube, ein solcher Raum ist auch für diejenigen hilfreich, deren Familienmitglieder in der Schoah umgebracht wurden und für die Antisemitismus und Israel mehr oder weniger ihr Jüdischsein definiert. Denn Desintegration bedeutet auch, dem Klischee von einem Selbst zu entrinnen. Und da schließe ich mich mit ein.

1 Der Text ist eine Bearbeitung von Passagen aus dem Buch Desintegriert euch!, Max Czollek, München 2018.

2 Y. Michal Bodemann, Gedächtnistheater. Die jüdische Gemeinschaft und ihre deutsche Erfindung, Hamburg 1996.

3 Ebd., 183.

4 Ebd.

5 Ebd.

6 Maxim Biller, Heiliger Holocaust, in: Die Zeit, 8.11.1996, http://www.zeit.de/1996/46/bill46.19961108.xml/komplettansicht (letzter Zugriff 14.3.2018).

7 Astrid Messerschmidt, Postkoloniale Erinnerungsprozesse in einer postnationalsozialistischen Gesellschaft – vom Umgang mit Rassismus und Antisemitismus, in: Peripherie – Zeitschrift für Politik und Ökonomie in der Dritten Welt 28, 109/110 (2008), 42–60.

8 Ebd., 99.

9 Roy Rajber, Unser Sommermärchen, in: Jüdische Allgemeine Zeitung, 30.7.2015, 1.

10 Ayala Goldmann, »Was für ein Symbol«, in: Jüdische Allgemeine Zeitung, 30.7.2015, 3.

11 Bodemann 1996, 54.

12 Ebd., 9.

13 Dan Diner, Negative Symbiose. Deutsche und Juden nach Auschwitz, Babylon 1/1986, 9–20.

14 Zvi Kolitz, Jossel Rakovers Wendung zu Gott. Jiddisch-Deutsch. Aus dem Jiddischen übertragen, herausgegeben und kommentiert von Paul Badde, Zürich 2004.

15 Ebd., 75.

16 Ebd.

17 Alexander Dobrindt, https://www.welt.de/debatte/kommentare/article172133774/Warum-wir-nach-den-68ern-eine-buergerlich-konservative-Wende-brauchen.html (letzter Zugriff 22.3.2018).

Jecke sein oder nicht sein?

Yan Wissmann

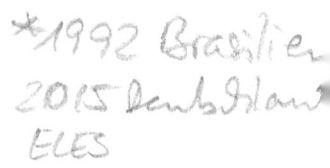

*1992 Brasilien
2015 Deutschland
ELES

In den letzten Jahren wurde im internationalen Diskurs kein anderes Land für seine Eigenschaften so gelobt wie Deutschland. Wirtschaftlicher Erfolg, ein berechenbares, zuverlässiges politisches System, gesellschaftlicher Frieden und Zusammenhalt prägten dessen Bild als Paladin der gelungenen westlichen Kultur. Hinzu kam ein gefeiertes multikulturelles Miteinander, das – zumindest gefühlt – den Eindruck eines Versuchs vermittelt, den grausamen rassisch-völkischen Teil deutscher Vergangenheit auszugleichen. Nicht zuletzt bietet, so der Ton des Diskurses, das umfangreiche Sozialsystem ein sicheres Netz, von dem sich viele gern auffangen lassen würden. Das sind nur einige Aspekte, die international immer wieder an Deutschland gelobt wurden – und gelobt werden.

Deutschland bietet vieles und ist deshalb trendy und ein beliebtes Ziel für viele Migranten. Sogar – und trotz der Geschichte – für jüdische Migranten. Also auch für mich. Aber warum auch nicht?

Meine persönliche Geschichte in Deutschland begann im Jahr 2013, als ich als ausländischer Student in Potsdam landete und mit spärlichen Sprachkenntnissen versuchte, dieses Land kennenzulernen. Dort unternahm ich erstmals den Versuch, als Brasilianer und Nachfahre deutscher Juden einen Einblick ins moderne Deutschland zu bekommen und das Land meiner Vorfahren zu verstehen.

Yan Wissmann

Dabei erlebte ich eine intensive Zeit und ging durch eine tiefgreifende Veränderung in meinem Leben, die später in eine Einwanderung münden sollte.

Doch im Gegensatz zu vielen anderen jungen Migranten lässt sich mein Migrationsmotiv nicht auf die heutige Buntheit dieses Landes oder das opulente Sozialsystem zurückführen. Vielmehr rührte die Entscheidung von einer starken Identifikation mit den hier mehrheitlich gelebten Werten her sowie von der persönlichen Sehnsucht nach einem geregelten Gesellschaftsrahmen, der persönliche Freiheit und friedliches Miteinander ermöglicht. Ferner spielte auch der Wunsch nach Nähe zu einem deutschen Judentum eine Rolle, zu welchem meine Familie einst gehörte und das sie mitgestaltete. Zusammengefasst lässt sich meine Einwanderung am besten als Rückwanderung beschreiben, denn ich durchlief hier praktisch einen Wiederaneignungsprozess.

Die folgenden Seiten dienen also dem Versuch, meine Auseinandersetzung mit der deutschen Wesensart zu illustrieren und wie mich dies zu meiner Migrationsentscheidung sowie zu einer fast persönlichen Wiederbelebung des deutschen Judentums motivierte. Selbst wenn ich die Schwierigkeit eingestehe, dieses schon fast ausgeschöpfte Thema abermals anzusprechen, fühle ich mich trotzdem in der Pflicht, für Letzteres eine Art Plädoyer zu halten. Auf dieser Idee der Wiederbelebung basiert nicht nur mein persönliches Engagement innerhalb der jüdischen Gemeinschaft und jüdischer Kreise, sie sollte meines Erachtens auch Teil des Konzeptes des hier gelebten Judentums sein.

Für den Einwanderungsanreiz war allerdings eine vermutliche Jüdischkeit Deutschlands nicht ausschlaggebend. Was mich vor allem dazu bewegte, Deutschland als den Ort zu wählen, »in dem ich gut und gern leben« möchte, war die stetig wachsende Identifikation mit den Menschen und den gesellschaftlichen Denk- und Handlungsmustern, also allgemeingültigen Werten.

Bevor der Text sich in das Minenfeld der »deutschen Werte« zu begeben wagt, möchte ich zunächst auf meine persönliche, studiumsbedingt theoretisch beeinflusste Wahrnehmung zurückgreifen, um mein Bild Deutschlands wiederzugeben. Dieses ist aber keinesfalls nur als eine partikuläre Beobachtung eines regelliebenden Lateinamerikaners zu verstehen, es ist weltweit anzutreffen.

Es gibt allerlei Adjektive für das deutsche Wesen. Nichtsdestotrotz bezeichnet dieses kaum ein anderes Merkmal so gut und karikaturistisch wie die Ordnung. Die konsequente Beachtung von Regeln kann zwar ab und an lästig und einschränkend sein. Dennoch sind es genau die Grundregeln und deren Achtung, die ein positives Verhalten und gegenseitiges Vertrauen in der Bevölkerungsmehrheit entwickelten und Deutschland im internationalen Vergleich eine hervorzuhebend gute Position aufbauen ließen. Es ist nicht schwer zu belegen: Deutschland ist eine der wenig korrupten Nationen,[1] zudem, neben Japan, der einzige so bevölkerungsreiche Staat unter den friedlichsten Ländern der Welt.[2] In einer Nation, die diese Errungenschaften vorzeigen kann, entsteht ein positives Zusammenwirken zwischen seiner

Yan Wissmann

Bevölkerung und den von ihr geschaffenen Institutionen: Ein Land mit starken Institutionen fördert Werte und trägt zur Festigung der Kultur seiner Bevölkerung bei; wiederum schafft ein Volk mit ausgeprägter Kultur starke Institutionen, verbessert die schon bestehenden Strukturen und macht sie zudem effektiver. Die Konsequenz dieser Wechselwirkung könnte keine andere sein als das Stiften von Vertrauen, das Wege hin zu mehr Wohlstand in einer Vielzahl unterschiedlicher Dimensionen schafft. Zweifelsohne liegt eine große Stärke der deutschen Gesellschaft in der Beständigkeit ihrer konsequent aufgebauten Institutionen, deren Grundlagen auf bestimmten Werten basieren.

Andere Fakten sprechen ebenso für eine positive Wahrnehmung des Landes: Sowohl in der Wirtschaft als auch in der Bildung ist beispielsweise eine überdurchschnittliche Leistung vorzufinden, die von den sprichwörtlichen deutschen Eigenschaften stark beeinflusst wird. Made in Germany ist da nicht nur ein Schlagwort. Es sind gewiss teils klischeehafte, verallgemeinernde Attribute, die hier aber doch den nötigen Rahmen für eine robuste Sozialstruktur schufen und das Land zu einem internationalen Vorbild machen: Fleiß, Präzision, Pragmatismus, Zielstrebigkeit, Ordnungssinn. All das dient als Basis einer nicht makellosen, dennoch gut funktionierenden Gesellschaft. Besitzt jeder Deutsche diese Tugenden? Nein. Sind sie allein deutsche Charaktereigenschaften? Selbstverständlich nicht. Aber in fast keinem anderen Land sind sie so präsent in dessen Kultur wie hierzulande. Empfinden Sie meine Ansicht als naiv? Dann lade ich Sie ein, in Brasilien oder in einem anderen Entwicklungsland Ihrer Wahl ein Jahr als normaler Bürger zu verbringen.

In Deutschland ist allerdings – und bezogen auf die Bundesrepublik bedauerlicherweise – jegliche Anerkennung der Nation und deren Vorzüge in Verruf geraten. Es besteht ein gängiger intellektueller Diskurs, der anscheinend nur eine Bezeichnung für Werteschützer kennt: reaktionär, also an der Grenze zum Faschismus. Interessant nur, dass das Ergebnis dieses Narratives genau das erzeugt, was es zu vermeiden versucht. Es ist immer wieder zu beobachten, dass die Sehnsucht nach Würdigung und Erhalt bestimmter Werte in Zusammenhang mit nationaler Verbundenheit ein Hoch erlebt. Wenn dieses regelrecht emotionale Bedürfnis eines wachsenden Bevölkerungsteils weiterhin herablassend als nicht berechtigt angesehen wird, kann dies zur Folge haben, dass Menschen sich zunehmend radikalen Milieus annähern. An dieser Stelle ist vor allem zu beachten, dass die mit diesen sogenannten Sekundärtugenden verbundenen Emotionen in eine freiheitlich-demokratische Richtung gelenkt werden müssen. Ein verantwortungsvoller und gemäßigter Umgang mit nationalen Werten ist notwendig, sodass diese Art von Anerkennung dieser Eigenschaften nicht missbraucht wird und sich politisch-gesellschaftliche Anomalien entwickeln können, wie es im Vorfeld und zur Zeit des Dritten Reiches geschah.

Die Anerkennung der Tugenden als nationale Eigenschaften ist nicht der Auslöser des Problems, sondern deren Instrumentalisierung seitens derjenigen, die sie zweckentfremden.

Yan Wissmann

Ich fühle mich im doppelten Sinne mit dem Leben hier verbunden: mit der deutschen Gesellschaft, die eine Menge an kulturellen und sozialen Errungenschaften zu bewahren und zu verteidigen hat, sowie mit der Tradition des deutschen Judentums, der ich mich nun widmen möchte.

Die Reform und Anpassung des Judentums an die Moderne geschah insbesondere in Deutschland. Deren Anfänge wurden vor allem von Moses Mendelssohn angestoßen, und aus diesem Prozess ging später die liberale jüdische Strömung und Bewegung hervor. Damit erlebte das deutsche Judentum einen Durchbruch, der nicht nur die Emanzipation der Juden, sondern auch ihre allmähliche Partizipation, trotz des stets präsenten Antisemitismus in Teilen der deutschen Gesellschaft, ermöglichte. Dies mündete im Lauf der Zeit in eine wachsende deutsch-jüdische Symbiose. Bemerkenswert ist als Beobachtung am Rande, dass allein zwölf jüdische Nobelpreisträger bis 1945 aus Deutschland stammten. Aber auch wenn es eine Randbeobachtung ist: Es ist eine eindeutige wie auffallende Tatsache, dass deutsche Juden hier die nötigen Voraussetzungen fanden, die ihnen solche Entfaltungsmöglichkeiten boten.

Dass die Gräuel des Holocausts die Weiterführung dieser fruchtbaren Zusammenarbeit fast für immer an den Wurzeln kappten, ist im allgemeinen Bewusstsein. Jedoch gibt es mehrere Gründe, die die Fortsetzung einer deutsch-jüdischen Geschichte wünschenswert machen. Von einer institutionellen und finanziellen Unterstützung beim Aufbau des deutschen Staates[3] über den Dienst im Ersten Weltkrieg bis zu hervorragenden Leistungen in der Weimarer Republik waren Juden in der deutsch-nationalen Geschichte bis zum Zweiten Weltkrieg immer präsent und übernahmen, soweit es ging, eine mitgestaltende Rolle. Es gibt also auch eine Seite, die eine positive Erinnerung dieser Synthese hervorruft. Wenn wir in Deutschland jüdisches Leben aufrechterhalten und uns hierfür auf die Geschichte stützen wollen, dann brauchen wir mehr als die Themen Holocaust und Antisemitismus. Wir brauchen positiv besetzte geschichtliche Bezugspunkte, die durchaus existieren und anerkannt sowie gewürdigt werden sollten.

Trotz einer gewissen Skepsis stehe ich diesem Vorhaben optimistisch gegenüber. Was ich hier erlebe, ist eine neue Pluralität innerhalb der jüdischen Gemeinschaft. Ferner sehe ich seitens der deutschen Jüdinnen und Juden ein zunehmendes Interesse, sich offener und intensiver an der gesellschaftlichen Debatte zu beteiligen – besonders stark gefördert durch die Arbeit des Ernst Ludwig Ehrlich Studienwerks.

Natürlich mache ich mir keine Illusionen: Das heutige Judentum ist nicht mehr das von Einstein, Liebermann oder Buber. Es ist ein anderes, durch unterschiedliche Wellen von jüdischer Migration geprägtes, vielfältiges Judentum. Ich plädiere keinesfalls für eine jüdische Aliyah nach Deutschland. Jegliche Entscheidung zur Migration liegt letztendlich beim Individuum. Dennoch bin ich fest davon überzeugt, dass das heutige Judentum in der jetzigen deutschen Gesellschaft noch seinen Platz hat und sich gut entfalten kann.

Yan Wissmann

Viel mehr als die Last der hier geschehenen Geschichte sehe ich für die jüdische Gemeinschaft in Deutschland andere Herausforderungen, wie beispielsweise interne Auseinandersetzungen bezüglich einer abnehmenden Bedeutung von religiöser Praxis sowie die Positionierung gegenüber modernen Fragen wie der sexuellen Orientierung oder dem Abstammungsprinzip als entscheidender Marker für die Zugehörigkeit zur Gemeinschaft. All das verlangt zwangsläufig eine Erneuerung von Strukturen, da alte Ordnungen traditionellerweise versucht sind, keine Abweichung oder Neuinterpretationen zuzulassen. Angeknüpft werden sollte an die fruchtbare Zeit des deutschen Judentums, an das, was jüdische Intellektuelle in der Weimarer Republik und vorher schafften.

Es ist ein falsches Signal, wenn bereits die Terminologie jüdische Deutsche von nichtjüdischen Deutschen unterscheidet. Ein jüdischer Deutscher zu sein stellt keinen Widerspruch per se dar. Es gibt selbst in meiner Familie Personen, die es strikt ablehnen, deutschen Boden zu betreten. Und auch wenn ich das respektiere, halte ich genau das Gegenteil für notwendig. Juden müssen ihren Platz in dieser Gesellschaft wiederbesetzen und sich für sie engagieren.

Ich verschließe meine Augen nicht vor neuerlichen antisemitischen Zwischenfällen und Anfeindungen, dennoch denke ich, dass Juden in Deutschland ein vergleichsweise sicheres Leben führen können und auf eine breite Solidarisierung und Rückhalt von einem großen Teil der Bevölkerung bauen können. Gerade als Nachfahre von deutschen Juden verachte ich jeglichen rassischen Gedanken nicht nur, weil sie den Weg für die Gräuel des Holocausts bereiteten, sondern auch, weil aufgrund dessen die gesamte positive Darstellung der deutschen Kultur und Tradition hierzulande massiv beeinträchtigt wird.

Lea Fleischmann schrieb 1980 ihr vielbeachtetes Buch *Dies ist nicht mein Land. Eine Jüdin verlässt die Bundesrepublik.* Gern möchte ich mein Credo genau umgekehrt formulieren: Jawohl, dies ist genau mein Land. Mit all – und trotz – seiner Vergangenheit, mit seinen Widersprüchen und Verklemmtheiten, aber auch mit seinen Neuerungen und ja, eben auch seinen kulturellen und intellektuellen Traditionen, welche jüdische Deutsche unmittelbar prägten.

Wenn man gerade im Ausland, insbesondere hier in Brasilien, sieht, wie wenig geordnet die jüdischen Gemeindeverhältnisse sind, dann muss man mit tiefem Bedauern auch hier das Verschwinden des deutschen Judentums feststellen. Was das deutsche Judentum innerhalb von 100 Jahren geschaffen hat, ist sicher beispiellos und es darf festgestellt werden, dass – auch wenn die jüdischen Gemeinden Deutschlands durch die Emanzipation und Assimilation nicht den jüdischen Faktor innerhalb des Weltjudentums darstellen, wie es hätte angenommen werden können – die 600 000 Juden, die in Deutschland gelebt haben, nach der Auswanderung in ihren Gemeinden und mittels Organisationen, Religionsunterricht und Verbreitung jüdischen Wissens und jüdischer Kultur viel zur Belebung jüdischer Gemeinden und Organisationen in allen Teilen der Welt beigetragen haben.[4]

Yan Wissmann

1 Transparency International. Korruptionswahrnehmungsindex 2017. URL: https://www.transparency.de/korruptionsindizes/cpi-2017/?L=0

2 Institute for Economics & Peace. Global Peace Index 2018: Measuring Peace in a Complex World, Sydney, Juni 2018. URL: http://visionofhumanity.org/reports (letzter Zugriff 21.8.2018).

3 Vgl. »Gold und Vorurteil«. in: Die Zeit, 5.1.2015. URL: https://www.zeit.de/zeit-geschichte/2014/04/otto-von-bismarck-juden/seite-3 (letzter Zugriff 21.8.2018).

4 Paul Sauer/Julius Wissmann, Die Jüdischen Gemeinden in Württemberg und Hohenzollern. Denkmale, Geschichte, Schicksale, Stuttgart 1966. – In diesem Werk beschreibt mein Uropa, Julius Wissmann, die Geschichte des deutschen sowie württembergischen Judentums in der Weimarer Republik.

Einigkeit um jeden Preis?
Ein Plädoyer für mehr Machloket

Hannah Peaceman

»Machloket L'shem Shemayim« bedeutet »Streitbarkeit um des Himmels Willen«. Gemeint ist damit ein konstruktiver Streit, der auf eine gemeinsame Suche nach der Wahrheit abzielt, nicht darauf, Recht zu bekommen und zu triumphieren. Die jüdische Tradition des Streitens geht auf die Auseinandersetzungen zwischen Hillel und Shammai zurück, zwei pharisäischen Leitern der jüdischen Schulen Beit Hillel und Beit Shammai. Sie stritten sich um die Auslegung jüdischer Gesetze. Letztendlich wurde die Halacha im Wesentlichen nach der Auslegung von Beit Hillel gestaltet. Der Grund dafür soll in Hillels Haltung gelegen haben, der sich verpflichtet hatte, die Auslegung von Beit Shammai in seine eigenen miteinzubeziehen. Die Grundlage des konstruktiven Streitens, die aus dieser Geschichte gewonnen werden kann und auf die sich bis heute jüdische Denker*innen beziehen, liegt in der gegenseitigen menschlichen und inhaltlichen Anerkennung beider Diskutant*innen.

Machloket wird bis heute, vor allem in Großbritannien und in den USA, als einer der Ursprünge demokratischer Auseinandersetzung diskutiert. Rabbi Sacks bezeichnet die jüdischen Schriften als »Anthologien des Argumentierens«[1]. David Novak sieht eine Verbindung zwischen der Tradition des Machloket und der Habermas'schen Diskursethik.[2] In Deutschland ist Rabbinerin Elisa Klapheck eine der wenigen, die die politische Tradition des Judentums betont und sowohl in einer Schriftreihe als auch in öffentlichen Diskussionen zum demokratischen Streiten aufruft, dessen Ziel es ist, dass »beide Meinungen um des Ganzen willen erscheinen«.[3] Alle drei Denker*innen betonen, dass das Judentum Traditionen und Praktiken birgt, die für Fragen gegenwärtiger politischer Auseinandersetzungen fruchtbar gemacht werden können.

Das Judentum bietet auf theoretischer Ebene einen reichen Schatz dieser politischen Traditionen. Wie aber sieht es in der Praxis aus? Wie wird gestritten? Um welche jüdisch-politischen Positionen wird gestritten? Und welche Bedeutung könnte Machloket für die demokratische Kultur in einem umfassenderen Sinne haben?

In diesem Text begebe ich mich auf die Suche nach der gegenwärtigen Praxis von Machloket in der und um die jüdische Gemeinschaft in Deutschland. Es geht mir dabei um die Frage nach dem demokratischen Streiten und seinem Potenzial für die gegenwärtigen Herausforderungen der Demokratie.

I. Vielfältiges Jüdisches Leben in Deutschland

In Deutschland leben derzeit ca. 200 000 Juden und Jüdinnen. Davon ist die Hälfte Mitglied in jüdischen Gemeinden. Ca. 90 Prozent der Gemeindemitglieder haben eine Migrationsgeschichte, eine Vielzahl ist in den 1990er Jahren[4] aus der ehemaligen Sowjetunion nach Deutschland eingewandert. Damit ist die jüdische Gemeinschaft um ein Vielfaches gewachsen. Der Zentralrat der Juden in Deutschland (ZdJ) und die Zentralwohlfahrtsstelle der Juden in Deutschland (ZWST) haben wesentlich die Strukturen aufgebaut, die die neu Eingewanderten unterstützten, und darüber hinaus eine wichtige Basis geschaffen, durch die jüdisches Leben in Deutschland weiterwachsen kann.

Das erklärt in großem Maße, weshalb Repräsentant*innen des ZdJ und ZWST in der Öffentlichkeit meist als *die* jüdischen Stimmen wahrgenommen werden. Was jüdisches Leben in Deutschland – das weit über die jüdischen Gemeinden hinausgeht – heißt und wie unterschiedlich und widersprüchlich es ist, das bleibt der Öffentlichkeit weitestgehend verborgen. Es lohnt sich, einen Blick auf die Vielfalt jüdischen Lebens jenseits der Repräsentation durch ZdJ und ZWST zu werfen.

Die Sichtbarkeit diverser jüdischer Perspektiven würde auch über die Erwartungen der Dominanzgesellschaft in Deutschland hinausweisen: Etwas verkürzt gesagt, assoziieren in Deutschland lebende Nichtjüdinnen und -juden Jüdinnen und Juden nämlich fast immer mit dem Holocaust, mit Antisemitismus und Israel, können sich aber reales jüdisches Leben in seiner Vielfalt kaum vorstellen:

Jüdisches Leben in Deutschland ist religiös in unterschiedlichen Facetten, z. B. säkular, traditionell, orthodox und progressiv. Es prägt aber auch nicht religiös. Für manche ist das Judentum ein vornehmlich kultureller oder politischer Bezugspunkt. Jüdisches Leben findet an vielen unterschiedlichen Orten statt, in Synagogen, in

Hannah Peaceman

Gemeindezentren, in Museen, in Bildungseinrichtungen, in Bars und Partykellern, in Räumen der Universität und auf der Straße. Als Jüdin in Deutschland zu leben ist immer auch mit einer Haltung gegenüber Vergangenheit, Gegenwart und Zukunft verbunden. Unter Juden und Jüdinnen sind alle politischen Einstellungen vertreten. Identitäten verändern sich im Laufe des Lebens und somit auch für viele ihr Verhältnis zum Judentum. Ohne im Detail die diversen Gruppen, Interpretationen und Kontexte zu beschreiben, veranschaulicht diese Auffächerung, wie vielfältig und widersprüchlich jüdisches Leben stattfinden kann und auch, dass Veränderungen immer zu erwarten sind.

In der Diversität der jüdischen Gemeinschaft steckt ein großes Potenzial für Machloket. Viele Widersprüche in einer zahlenmäßig kleinen Gemeinschaft können eine große Herausforderung darstellen. Insbesondere vor dem Hintergrund der nationalsozialistischen Vergangenheit ist die Haltung der größeren jüdischen Institutionen bis heute die, Dissens innerhalb der jüdischen Gemeinschaft möglichst nicht an die Öffentlichkeit zu tragen.[5]

Diese Einstellung teilen immer weniger (junge) Juden und Jüdinnen. Sie widersprechen öffentlich. Im Folgenden will ich ein Beispiel aus dem Jahr 2015 in den Blick nehmen und als Machloket untersuchen.

II. Mangel an Dissens um die jüdische Gemeinschaft

In der Debatte um die Aufnahme von Geflüchteten zog Josef Schuster, Präsident des ZdJ, im November 2015 eine Obergrenze für die Aufnahme von Geflüchteten in Erwägung,[6] um das Anwachsen von Antisemitismus zu verhindern, und spekulierte, ob es sich dabei um ein »ethnisches Problem« handele. In Berlin organisierten daraufhin Juden und Jüdinnen eine Demonstration gegen den »Zentralrat der rassistischen Juden«.[7]

Josef Schuster aus jüdischen Perspektiven öffentlich zu widersprechen war an dieser Stelle aus meiner Sicht nur angemessen. Allen Menschen, die »aus der begründeten Furcht vor Verfolgung wegen ihrer Rasse, Religion, Nationalität, Zugehörigkeit zu einer bestimmten sozialen Gruppe oder wegen ihrer politischen Überzeugung« verfolgt werden, gilt es nach der Genfer Flüchtlingskonvention von 1951 – als unmittelbare Konsequenz der Staatengemeinschaft aus dem Holocaust – Schutz zu gewähren.[8]

Kurzschlussartig war allerdings die Demonstration gegen den »Zentralrat der rassistischen Juden«, deren Organisator*innen erstens pauschal dem ZdJ Rassismus unterstellten (und damit zumindest implizit allen Gemeindemitgliedern), und die sich zweitens nicht die Mühe gemacht hatten, die Aussagen im Kontext des gesamten Interviews, in dem sie gefallen waren, zu lesen, um angemessen differenziert zu reagieren.[9]

In der retrospektiven Analyse lässt sich über eine knappe Beschreibung der Auseinandersetzung im Winter 2015 sichtbar machen und problematisieren, wie aus

Hannah Peaceman

bzw. um jüdische(n) Perspektiven in Deutschland gestritten wird.

Erstens: Innerhalb der jüdischen Gemeinschaft in Deutschland wird oft ein Kampf um des Triumphes willen geführt ~~wird~~. Es herrschen verhärtete Fronten zwischen denjenigen, die *für* den ZdJ sind, und denjenigen, die *gegen* den ZdJ sind. Dabei setzt die Unterscheidung in *für* bzw. *gegen* voraus, dass es sich um eine Gegnerschaft zweier Gruppen handelt, die jeweils eine homogene Einstellung haben. Es gibt innerhalb und außerhalb der jüdischen Gemeinden Juden und Jüdinnen, die Anti-Rassist*innen sind, und Jüdinnen und Juden, die Rassist*innen sind, solche, die homophob und sexistisch sind, und die, die es nicht. Die Trennlinie verläuft nicht zwischen für bzw. gegen den ZdJ. Hier eine Trennlinie zu schaffen ist eine Pauschalisierung, die der realen Auseinandersetzung um Rassismus, Antisemitismus und allen Diskriminierungsformen nur im Wege steht.

Zweitens: Die vermeintliche Geschlossenheit und Homogenität jüdischer Positionen in der Öffentlichkeit trägt zu der Polarisierung innerhalb der jüdischen Gemeinschaft bei. Bis heute ist religiöser Pluralismus in den Gemeinden in der Praxis oft nicht anerkannt. Wenige Orte gibt es auch für die Juden und Jüdinnen, deren Zugang zum Judentum nicht religiös ist. Das führt dazu, dass viele sich nicht (mehr) zugehörig fühlen oder nicht dazugehören dürfen wie sogenannte patrilineare Juden und Jüdinnen. Die Diversität jüdischer Perspektiven ist in den Vorständen der größeren Institutionen kaum sichtbar. Es fehlen z. B. Frauen, Menschen mit unterschiedlichen Migrationsgeschichten und junge Menschen,[10] die alle ein Teil des lebendigen und zukunftsgerichteten Judentums sind. Stattdessen gibt es eine auf langjähriger Tradition basierende Dominanzkultur, die auf die Geschlossenheit der jüdischen Gemeinschaft besteht. Dieser Aufruf zur Geschlossenheit ist ein klassisches Autoritätsargument. Es zielt darauf, die Machtstrukturen zu erhalten, und marginalisiert die Sichtbarkeit der Diversität jüdischer Positionen und Identitäten und deren Mitsprache. Das verhindert demokratische Diskussionen »um der Wahrheit willen«, die davon abhängen, dass Widersprüche sichtbar sind, sie nicht unterdrückt werden und über sie gestritten werden kann.

Der dritte Aspekt betrifft unterschiedliche Perspektiven auf Vergangenheit und Gegenwart jüdischen Lebens in Deutschland, die innerhalb der jüdischen Gemeinschaft mehr Einfühlungsvermögen zwischen den Generationen und kulturellen Prägungen gebrauchen könnten. Kritik an jüdischen Institutionen von jüdischer Seite, oft von jungen Menschen, die noch nicht lange in Deutschland leben, lautet, dass die Gegenwart jüdischen Lebens zu sehr von der Vergangenheit geprägt sei und alle Diskurse dominiere.[11] Darin steckt die Forderung, sich über die Schoah hinaus mit anderen Fragen auseinanderzusetzen. Viele jüngere Juden und Jüdinnen, die nicht in Deutschland, sondern bspw. in den USA oder in Israel sozialisiert sind, nehmen Antisemitismus und Bezüge zur Schoah, die allgegenwärtig unterschwellig vorhanden sind, viel weniger wahr als Juden und Jüdinnen, die in Deutschland aufgewachsen sind und eine größere Bedro-

Hannah Peaceman

hung verspüren. Juden und Jüdinnen aus anderen Kontexten könnten Erfahrungen eines selbstkritischen und offensiveren Umgangs mit dem Judentum, mit jüdischen Institutionen und mit der nichtjüdischen Öffentlichkeit, mitbringen.[12] Hier wäre es so wichtig, gleichermaßen in Betracht zu ziehen, welche Erfahrungen und welches gesellschaftliche Wissen in den divergierenden Wahrnehmungen auf Vergangenheit und Gegenwart stecken. Stattdessen läuft das Gespräch, das untereinander große Sensibilität erfordert, nur langsam an und wird durch gegenseitige Anschuldigungen und Pauschalisierungen immer wieder unterbrochen.

In drastischer Weise war der Protest »Gegen den Zentralrat der rassistischen Juden« Ausdruck dessen. Die Teilnehmenden forderten eine Beschäftigung mit innerjüdischem Rassismus, indem sie die größte Repräsentation jüdischen Lebens pauschal delegitimierten. Hier wäre es wichtig gewesen, bei klarer Kritik erstens die Gefühle der Bedrohung von Juden und Jüdinnen durch Antisemitismus von wem auch immer anzuerkennen. Damit hätte eine Basis erhalten werden können, auf der der notwendige Streit hätte geführt werden können, der nicht im *für* oder *gegen* geendet hätte, sondern bei dem es um die Sache gegangen wäre. Zum Einsatz gegen Rassismus und Antisemitismus und für die Demokratie gehört es, sich die Gleichzeitigkeit der Bedrohungen vor Augen zu führen, statt eine Form der Diskriminierung zu Gunsten der anderen zu relativieren. In der Demonstration von 2015 war dies aus dem Blick geraten.

Viertens: Umkämpft ist nicht nur die Dominanz innerhalb der jüdischen Gemeinschaft, sondern auch in der deutschen Öffentlichkeit. Jüdischen Positionen wird immer wieder – angeblich im Bewusstsein der nationalsozialistischen Vergangenheit – eine moralische Bedeutung zugemessen. Schusters Aussagen wurde auch deshalb aus jüdischen Perspektiven so heftig widersprochen, weil sie anschlussfähig für eine antimuslimische und rassistische Vereinnahmung waren. Parteien wie die AfD, aber auch Horst Seehofer (CSU) verweisen auf den ZdJ, wenn sie rassistische Forderungen stellen. Laura Cazés bringt die Lage klug auf den Punkt:

»Im Moment behaupten ja manche Politiker, dass mit der Zuwanderung aus muslimischen Ländern der Antisemitismus zunehme. In muslimischen Ländern gibt es definitiv antisemitische Strukturen, ja. Aber ich frage mich: Ist das etwas, das es in Deutschland nicht gibt? Ist das seit 1945 plötzlich nicht mehr da? Eine Sache ist ganz essenziell: Jede Pauschalisierung macht eine andere Pauschalisierung noch stabiler und damit auch die der Juden.« [13]

Die Behauptung, Geflüchtete aus arabischen Ländern würden den Antisemitismus erst importieren und das sei ein Grund, ihre Einwanderung zu beschränken, ist pervertiert. Dabei wird nämlich Rassismus gegenüber Muslim*innen und Geflüchteten legitimiert, indem der eigene traditionsreiche Antisemitismus der deutschen Dominanzgesellschaft auf »die Anderen« ausgelagert wird. Jüdinnen und Juden sollen bereitstehen, um der deutschen Dominanzgesellschaft ihre erfolgreiche Aufarbeitung zu attestieren. Sie werden als Teil einer »christlich-jüdi-

Hannah Peaceman

schen« Tradition (die es seit 1945 angeblich gibt),[14] in die deutsche Dominanzgesellschaft integriert. Thematisiert man als Jüdin die Gegenwart des traditionsreichen mehrheitsdeutschen Antisemitismus, ist damit zu rechnen, dass dieser heruntergespielt und abgestritten, und auch, dass Jüdinnen und Juden der Schutz vor Antisemitismus entzogen wird.

An Schusters Aussagen und deren Anschlussfähigkeit wurde außerdem sichtbar, wie weit sich der demokratische Diskurs nach dem sogenannten Sommer der Migration nach rechts verschoben hatte. Diese Entwicklung schreitet voran. Im April 2018 dachte der Präsident des ZdJ öffentlich über einen »Entzug des Bleiberechts für antisemitische Migranten« nach.[15] Seehofer, Weidel und Gauland reagierten sofort mit großer Zustimmung.[16] Zeitgleich und immer wieder positioniert sich der ZdJ öffentlich und intern-institutionell eindeutig gegen die AfD und ihre Vereinnahmung. Die Gleichzeitigkeit kann verwundern. Es zeigt sich dabei, dass es nicht ausreicht, sich einerseits gegen die AfD zu positionieren, sich aber andererseits selbst ähnlicher Argumente zu bedienen. Der ZdJ müsste im Hinblick auf die Genfer Flüchtlingskonvention und deren Geschichte darüber reflektieren, wie anschlussfähig die eigenen Aussagen bleiben und welche Wirkung sie in der sich weit nach rechts verschobenen öffentlichen Debatte entfalten können. Das Präsidium müsste die Konsequenzen einer solchen politischen Haltung überdenken und sich fragen, ob es nicht vielmehr im eigenen Interesse wäre, sich explizit anti-rassistisch zu positionieren, um so der AfD mit aller Kraft Widerstand entgegenzubringen und die postmigrantische Demokratie zu stärken.

Darüber hinaus ist ein öffentlicher, demokratischer Streit nötig, der nicht in einem pauschalisierenden Protest endet, welcher dem gemeinsamen Kampf gegen Rassismus und Antisemitismus und für die Demokratie im Wege steht. Die Sicherheit unterschiedlicher Minderheitengruppen kann nur gewährleistet werden, wenn Minderheiten nicht gegeneinander ausgespielt werden. Machloket bedeutet, die Perspektiven anderer einzunehmen und in einen größeren gesellschaftlichen und historischen Kontext einzuordnen. Offenkundig eine große demokratische Herausforderung.

Die vier Aspekte, die ich in diesem Text beleuchtet habe, hängen eng miteinander zusammen. Es ist eine komplizierte Gemengelage zwischen Vergangenheit, Gegenwart und Zukunft, zwischen Postnazismus, Demokratisierung und Liberalisierung – und Angriffen auf die Postmigrationsgesellschaft. Die Situation ist fragil. Migrant*innen und muslimische Orte werden regelmäßig angegriffen. Überall in Deutschland müssen jüdische Institutionen geschützt werden. Die Mehrheit der Juden und Jüdinnen trägt seit vielen Jahrzehnten keine Symbole in der Öffentlichkeit mehr, die sie als solche sichtbar machen könnten, und spürt die Allgegenwart des Antisemitismus. Viele Juden und Jüdinnen nehmen darüber hinaus wahr, dass Antisemitismus im Vergleich zu den letzten Jahren immer salonfähiger wird.

Die Frage, die aus jüdischen Perspektiven zu diskutieren wäre, ist die, welche Haltungen erforderlich sind, um

Hannah Peaceman

Juden und Jüdinnen offensiv zu schützen, ohne dabei die eigenen Interessen auf Kosten anderer durchzusetzen, und was es braucht, um für unser aller demokratisches Zusammenleben einzustehen. In anderen Worten: Wie könnten »wir«, alle bedrohten Minderheiten und alle Solidarisierten, für die Demokratie einstehen, die Voraussetzung für »unsere« Sicherheit ist?

Hier bräuchte es aus vielen Gründen mehr Machloket: erstens, um nicht in die (politische) Sackgasse des *für* und *gegen* hineinzugeraten. Zweitens, um nicht die sowieso schon kleine jüdische Minderheit zu spalten. Drittens, um sich nicht weiterhin als Minderheiten gegeneinander ausspielen zu lassen. Und viertens, positiv gesprochen, um durch die demokratische Tradition des Judentums Mut zum Widerspruch zu entwickeln, demokratisches Streiten als demokratieerhaltende Praxis zu verstehen, die gesellschaftliche Veränderungen kritisch begleitet, um klare Haltungen einzunehmen, die auf der Basis von Reflexion und Diskussion entstanden sind, und damit ein lebendiges und pluralistisches Zusammenleben denkbar zu machen.

Um Letzteres geht es im dritten und abschließenden Abschnitt dieses Textes, der ausgehend von der Hillel-Shammai-Geschichte als Grundlage für fortdauerndes gemeinsames Streiten gedacht ist.

III. Machloket als demokratische Grundhaltung/Praxis

Hillels Auslegung der Halacha wurde bevorzugt, weil er Shammais Perspektive in seine Reflexion miteinbezog. Auch während ihrer jahrelangen Konflikte hatte sich eine gemeinsame Basis entwickelt, die bei aller Meinungsverschiedenheit und unterschiedlichen Sichtweisen zum Verständnis der jüdischen Gesetze beitrug, die bis heute im Judentum eine zentrale Rolle spielen. Ihr gemeinsames Anliegen ließ sie immer wieder zusammenkommen.

Welche Erkenntnis können wir gewinnen, wenn wir den Gegenstand des Streits, die Halacha, durch die Demokratie ersetzen? An der Auseinandersetzung nähmen alle Menschen teil, die sich im Geltungsbereich dieser Demokratie aufhielten. Die Bedingungen wären: Erstens, alle diese Menschen möchten die Demokratie erhalten. Zweitens, alle Menschen sind bereit, die Perspektiven der anderen in Betracht zu ziehen und zu respektieren. Drittens, alle Menschen teilen die Auffassung, dass die Auseinandersetzung ein fortwährender Prozess ist, der immer wieder neue Reflexionen erfordert.

Ich lese die Hillel-Shammai-Geschichte nicht nur als die Beschreibung einer idealen Sprechsituation (im Habermas'schen Sinne), die als normative Orientierung für reale Auseinandersetzungen hinzugezogen werden kann. Ich lese Hillels und Shammais Geschichte als Entwicklung genau dieser Streitkultur, die in konkreten Situationen geübt, praktiziert und weiterentwickelt wird.

Wie könnte man die im zweiten Teil diskutierte fehlende Streitkultur in Deutschland weiterentwickeln?

Hannah Peaceman

Die Forderung für die heutige Demokratie sieht diesbezüglich folgendermaßen aus: Ausgangspunkt für eine Entwicklung im Sinne Hillels und Shammais ist das gegenwärtige Streiten um die Demokratie in der und um die jüdische Gemeinschaft in Deutschland, dessen Schwierigkeiten ich aufgezeigt habe. Ich eröffne nun die Diskussion im Hinblick auf drei Bereiche, nämlich innerhalb der jüdischen Gemeinschaft, im Verhältnis zwischen Minderheitengruppen und im Verhältnis zur Dominanzgesellschaft, bei denen ich Potenzial für eine Demokratisierung sehe.

1. Mehr Machloket innerhalb der jüdischen Gemeinschaft

Wir brauchen neue Strukturen innerhalb der jüdischen Institutionen, die Jüdinnen und Juden in ihrer Diversität Partizipation ermöglichen!

Die Spaltung in *für* und *gegen* den ZdJ ist Ausdruck dessen, dass innerhalb des ZdJ Strukturen fehlen, die Jüdinnen und Juden verschiedener Generationen, mit unterschiedlichen Zugängen zum Judentum und mit und ohne Migrationsgeschichten besser einbinden. Die jüdische Gemeinschaft hat sich in den vergangenen knapp dreißig Jahren zahlenmäßig fundamental vergrößert. Repräsentationsstrukturen für kleinste jüdische Gemeinden, wie sie nach der Schoah in Deutschland Realität waren, müssten neu diskutiert werden, denn eine größere Gruppe von Menschen bringt viel mehr unterschiedliche Interessen mit. Eine Diskussion um die Veränderung der Strukturen, die darauf abzielt, die Diversität der jüdischen Gemeinschaft besser abzubilden, wäre selbst schon demokratische Praxis und würde vermutlich neue Räume erschließen, in denen die unterschiedlichen Perspektiven auf die Nachwirkungen der Schoah, auf den gegenwärtigen Antisemitismus und auf die reiche Vielfalt jüdischer Traditionen, die auch in Widerspruch zueinander stehen, sichtbar werden. Dadurch, dass sich viele Juden und Jüdinnen schon seit Jahren nicht mehr repräsentiert fühlen, sind außerhalb der Gemeinden, besonders in den großen Städten, neue jüdische Räume entstanden.[17] Machloket im Sinne der jüdischen Tradition würde bedeuten, eine Verbindung zwischen diesen unterschiedlichen Räumen herzustellen. Das würde möglicherweise nicht nur die politische Spaltung verringern, sondern könnte auch zu tiefergehenden, multiperspektivischen Reflexionen gegenwärtiger Herausforderungen für Juden und Jüdinnen in Deutschland führen.

2. Mehr Machloket zwischen Minderheitengruppen
Wir brauchen mehr Räume, auch innerhalb der jüdischen Gemeinden, für solidarische Gespräche zwischen verschiedenen Minderheitengruppen!

Von Hillel und Shammai kann man lernen, dass grundlegender Respekt die Voraussetzung für eine gemeinsame Auseinandersetzung ist. Dazu gehört auch, wohlwollend die Perspektive der anderen Person zu verstehen, mit Empathie ihre Geschichte zu hören und sich in den ggf. vorhandenen Schmerz einzufühlen. Machloket in Hillels Sinne hätte für Diskussionen und Solidarisierungen zwischen Minderheitengruppen ein großes Potenzial, wenn nämlich voneinander getrennt gedachte Anliegen, Ängste

Hannah Peaceman

und Vorstellungen bewusst in ein Verhältnis zueinander gesetzt und durch Gespräche als gemeinsame sichtbar werden können. Es fällt vielen Menschen schwer, sich vorzustellen, dass Rassismus und Antisemitismus gleichzeitig bestehen und wirken, und nicht als ein Nullsummenspiel funktionieren. Betrachtet man die mediale Debatte, entsteht manchmal der Eindruck, es gäbe eine Aufmerksamkeitsökonomie um Diskriminierungen. Machloket fordert dazu auf, Gleichzeitigkeiten sichtbar zu machen und mit ihnen umzugehen.

Für den Austausch von betroffenen Minderheiten braucht es jenseits der Dominanzdiskurse Schutzräume, wie Yasemin Shooman, die das Jüdisch-Islamische Forum am Jüdischen Museum in Berlin aufbaut, betont:

»Der massive Rechtsruck in der Gesellschaft bedroht uns jedenfalls alle, egal ob religiös Praktizierende oder nicht, denn er stellt die Zugehörigkeit und den gesellschaftlichen Platz der muslimischen und jüdischen Minderheiten – und natürlich auch anderer rassifizierter Gruppen wie den Rom'nja und Sint*ezza oder Schwarzen – generell in Frage. Nicht nur vor diesem Hintergrund ist es erforderlich, jüdisch-muslimische Beziehungen zu stärken und uns nicht gegeneinander ausspielen zu lassen. Das Ausloten des Spannungsverhältnisses zwischen Anpassung an eine Mehrheitskultur und Bewahrung von Eigenständigkeit und Traditionen ist eine Schnittmenge jüdisch-muslimischer Interessen, die eine gute Basis für den Dialog sein kann. Hierfür sollten wir uns – und damit kehre ich an meinen Ausgangspunkt zurück – geschützte Räume für den Austausch schaffen, in denen langsam Vertrauen aufgebaut werden kann und auch konfliktbeladene und sensible Themen angesprochen werden können.«[18]

Räume für Vertrauen und Weichheit und Auseinandersetzung bestehen oft auch außerhalb der Gemeinden.[19] Jüdische Gemeinden hätten aber die Räumlichkeiten und eine Reichweite in die Jüdische Gemeinschaft hinein, um mehr Orte für solidarische Gespräche zu schaffen. In Zeiten, in denen Minderheiten massiv angefeindet werden, wäre es ein wichtiges Zeichen, die Türen noch weiter zu öffnen, aufeinander mit Weichheit zu reagieren und über Inhalte zu sprechen. Diese Form der Öffnung könnte in die Öffentlichkeit hineinwirken und einen weitaus größeren Effekt haben als vermeintlich taktische Aussagen, die sich den Mitteln bedienen, die mittelfristig gegen einen selbst verwendet werden können. Hillel öffnete sich für Shammais Perspektiven, beide öffneten sich einander in den Jahren ihrer Auseinandersetzungen und bemühten sich somit gemeinsam um die reflektierteste Auslegung der Halacha.

3. Machloket in der Dominanzgesellschaft

Wir brauchen eine demokratische Streitkultur, in der alle gemeinsam um einen gesellschaftlichen Zustand ringen, in dem alle Menschen »ohne Angst verschieden« sein können![20]

Für die Demokratie einzustehen heißt, sich über diese Trennungen und Zuschreibungen hinwegzusetzen. Darauf könnten verschiedene Minderheiten mit ihren unter-

Hannah Peaceman

schiedlichen Betroffenheiten, mit ihren Perspektiven auf die Geschichte von Rassismus und Antisemitismus verweisen. Gemeinsam könnten sie gegen eine Geschichtsvergessenheit einstehen, die eigenen blinden Flecken durch die Perspektiven der anderen erkennen und bearbeiten und so aus ihren gemeinsamen Perspektiven Forderungen formulieren und erkämpfen. Dafür wären die eben erwähnten Räume so wichtig. Diese Perspektiven beruhen letzten Endes nicht auf der Herkunft, sondern sind Ausdruck reflektierter Haltungen. Haltungen können von allen Menschen, unabhängig von ihrer Herkunft, eingenommen werden.[21] Haltungen sind für die Demokratie unabdingbar.

Haltung einzunehmen heißt, ein gemeinsames politisches Ziel zu haben, nämlich die Demokratie zu stärken, sich entschlossen gegen faschistische Tendenzen zu stellen, im Sinne Hillels andere als seine Nächsten zu betrachten und die Widersprüche, die es in einer postmigrantischen Gesellschaft gibt, auszuhalten und zu diskutieren, statt sie als nicht diskutabel auszugrenzen oder unsichtbar zu machen. Letzteres hat in Deutschland leider eine lange Tradition, was man z.B. an der immer wiederkehrenden Debatte um Leitkultur sieht, die Wege sucht, Ausgrenzungen zu legitimieren und Unterschiede auszuschließen.

Eine öffentliche politische Streitkultur in der Tradition Hillels könnte aus all den aufgezählten Punkten schöpfen. Weichheit im Sprechen, einander zuhören und auch bei Unsicherheit mit einem Vertrauensvorschuss begegnen können gegen die Kälte wirken, die besonders

Minderheiten (nicht nur in diesen Zeiten) zu spüren bekommen, die aber oftmals auch den politischen Diskurs insgesamt prägt. Die Frage wäre nicht, ob gestritten wird, sondern wie. Die Frage wäre auch nicht, wer am Ende gewinnt, sondern viel mehr, in welcher Weise gestritten wird und wie möglichst viele Menschen an diesem Streiten teilnehmen können.

Die demokratische Kultur kann aus den jüdischen Traditionen viele grundlegende Praktiken gewinnen. Möglicherweise würden viele jüngere (und ältere) Menschen ihre Wege in die Gemeinden (zurück) finden, wenn sie mehr Möglichkeit von Machloket, von (politischer) Partizipation, sähen. Eine offene Streitkultur würde jedenfalls an Hillel und Shammai anknüpfen, die die Auslegung der jüdischen Gesetze so endlos diskutiert haben, dass sie bis heute jüdisches Leben weltweit prägen und Juden und Jüdinnen in ihrer radikalen Diversität zusammenhalten. Weil ich hier leben will, brauchen wir eine lebendigere und demokratischere Streitkultur innerhalb der jüdischen Gemeinschaft, zwischen verschiedenen Minderheitengruppen und in gesamtgesellschaftlichen Diskursen.

Hannah Peaceman

1 Jonathan Sacks, God Loves Those Who Argue (Shemot 5778), http://rabbisacks.org/god-loves-argue-shemot-5778/ (letzter Zugriff 11. 5. 2018).

2 David Novak, The Jewish Social Contract. An Essay in Political Theology, Princeton 2005, 83.

3 Klappentext der Schriftenreihe: Elisa Klapheck, Machloket/ Streitschriften, Berlin seit 2015.

4 Karen Körber, Jüdische Gegenwart in Deutschland. Die Migration russischsprachiger Juden seit 1989, in: Deutschland Archiv, 6. 10. 2016, Link: www.bpb.de/234438 (letzter Zugriff 21. 8. 2018).

5 Vgl. z. B.: Yohana Hirschfeld, Sagt dem Natan leise servus, in: Michal Bodemann/Micha Brumlik (Hg.), Juden in Deutschland – Deutschland in den Juden. Neue Perspektiven, Berlin/Göttingen 2010, S. 120–126.

6 Jacques Schuster, »Wir werden um eine Obergrenze nicht herumkommen«, in: Die Welt 23. 11. 2015, https://www.welt.de/politik/deutschland/article149136577/Wir-werden-um-Obergrenzen-nicht-herumkommen.html (letzter Zugriff 11. 5. 2018)

7 Armin Langer, Rassismus im Zentralrat der Juden, in: Die Tageszeitung 23. 11. 2015, http://www.taz.de/!5250325/ (letzter Zugriff 11. 5. 2018).

8 Die Konvention zum Nachlesen: http://www.unhcr.org/dach/de/ueber-uns/unser-mandat/die-genfer-fluechtlingskonvention (letzter Zugriff 11. 5. 2018).

9 Langer entschuldigte sich später in einem Brief bei Josef Schuster für seine Aussagen.

10 Vgl. Anastasia Pletoukina, Parallele Welten oder eine vielfältige Gemeinschaft, in: Jalta – Positionen zur jüdischen Gegenwart, 1, April 2017, 113–120.

11 Der Sammelband »Neues Judentum, altes Erinnern« versammelt eine Reihe sehr unterschiedlicher Perspektiven auf Vergangenheit, Gegenwart und Zukunft. Dimitrj Belkin/Eva Lezzi/Lara Hensch (Hg.), Neues Judentum, altes Erinnern, Berlin 2017.

12 Ein Blick in die USA zeigt, wie das perspektivisch aussehen könnte. Hier gibt es unterschiedlichste feministische, antirassistische jüdische Organisationen, die sich laut einmischen und auch Sexismus, Homophobie oder Rassismus innerhalb der jüdischen Gemeinden thematisieren. Jüdische Orte und Institutionen sind

im Vergleich zu Deutschland wesentlich sichtbarer und spielen dadurch im Alltag ein gewichtigere Rolle.

13 Bettina Baumann, »Freunde, die Kippa tragen, verstecken sie aus Angst unter einer Baseball-Cap«, in: Die Zeit 8.4.2018, https://ze.tt/jung-juedisch-deutsch-meine-freunde-die-kippa-tragen-verstecken-sie-aus-angst-unter-einer-baseball-cap/ (letzter Zugriff 11.5.2018).

14 Shimon Stein/Mosche Zimmermann, Weil's besser klingt, https://www.zeit.de/2017/35/judentum-christentum-allianz-islam 27.08.2017 (letzter Zugriff 11.5.2018).

15 »Entzug des Bleiberechts für antisemitische Migranten gefordert«, in: Jüdische Allgemeine 9.4.2018, http://www.juedische-allgemeine.de/article/view/id/31237 (letzter Zugriff 11.5.2018).

16 Ricarda Breyton, Thomas Vitzthum, Daniel Friedrich Sturm, Gehören Migranten ausgewiesen, die »unsere Werte« verletzen?, in: Die Welt 09.04.2018, https://www.welt.de/politik/deutschland/article175268139/Antisemitismus-von-Migranten-Innenministerium-fuer-Bleiberechts-Entzug.html (letzter Zugriff 11.05.2018).

17 Vgl. Anastasia Pletoukina, Parallele Welten oder eine vielfältige Gemeinschaft, in: Jalta – Positionen zur jüdischen Gegenwart, 1, April 2017, 113–120.

18 Yasemin Shooman, Wer redet für wen und mit wem?, in: Jalta – Positionen zur jüdischen Gegenwart, 3, April 2018, 49.

19 Beispiele hierfür sind die Kooperationen des muslimischen Avicenna-Studienwerks und des Ernst-Ludwig Ehrlich Studienwerks, die Berliner Initiative Salam-Shalom, viele Veranstaltungen der Organisation Bet Debora, der Interreligiöse Chor in Frankfurt, um nur wenige zu nennen.

20 Theodor W. Adorno, Minima Moralia, Frankfurt 2014, 116.

21 Sina Arnold, Kann man Antisemitismus abschieben?, in: Frankfurter Allgemeine Zeitung 29.3.2018, http://www.faz.net/aktuell/politik/inland/kann-man-antisemitismus-abschieben-15509998.html (letzter Zugriff 11.5.2018).

Neue Allianzen
auf dem Weg in die Zukunft

Macht es euch nicht zu einfach! –
Über die regulierende Macht sozialer Labels

Tobias Herzberg

Das Ernst Ludwig Ehrlich Studienwerk betreibt »Jüdische Begabtenförderung«. In diesem programmatischen Ziel sind zwei soziale Labels enthalten: »begabt« und »jüdisch«. Ich weiß noch, wie mich diese Labels beschäftigten, als ich mich vor sieben Jahren auf den Weg zum Auswahlgespräch machte. Ob ich begabt war oder nicht, das sollten gerne andere entscheiden. Aber ich fragte mich, ob ich mich nicht selbst labeln, mich in »die jüdische Ecke« stellen würde, falls ich ins Studienwerk aufgenommen würde, und ich stemmte mich dagegen – zurück ins Ghetto, wozu? Wieso sollte ich mir eine Identität zuschreiben lassen wollen?

Wenn jemandem eine Identität zugeschrieben wird, ist man markiert als Mitglied (oder Nichtmitglied) einer Gruppe, die über religiöse, ethnisch-nationale, ökonomische oder sexuelle Parameter definiert wird. Dabei zeigt sich bereits im Umstand, dass bestimmte Menschen markiert werden und andere nicht, eine Vorstellung von gesellschaftlicher »Normalität«, die mit dem Begriff »Normativität« besser beschrieben wäre. Eine normativ strukturierte Gesellschaft geht in Bezug auf Identitätskonstruktionen davon aus, dass es eine menschliche Norm gibt (also einen »normalen Menschen«). Und weil die meisten Menschen in Deutschland sich als weiß und heterosexuell identifizieren und zusätzlich unsere

Tobias Herzberg

Sprache, die die Realität ja nicht nur abbildet, sondern auch gestaltet, durch das generische Maskulinum aus allen Personen im Plural stets männliche Personen macht, wird – um mit dem Wörterbuch des Theaters zu sprechen – die neutrale Regieanweisung »Ein Mensch betritt den Raum« in den meisten Köpfen zu »Ein weißer, heterosexueller Mann betritt den Raum«. Die unmarkierte Position ist also diejenige, die üblicherweise nicht genauer beschrieben wird, wohingegen jede Normabweichung benannt werden muss, um vorzukommen. In einer normativen Gesellschaft gibt es Menschen und es gibt Schwarze, es gibt Menschen und Juden, Menschen und Homosexuelle, ja sogar Menschen und Frauen. So funktionieren soziale Labels. Anders sind Begrifflichkeiten wie »Frauenliteratur«, »Schwule Filme« und »Schwarze Musik« nicht zu erklären. Falls man nicht jenen Kriterien entspricht, aus denen sich gesellschaftliche »Normalität« konstruiert, wird man Minderheit. Doch Minderheit zu sein, das kann anstrengend und mitunter lebensgefährlich sein – besonders wenn Minderheiten täglich mit Vorurteilen, Diskriminierung und körperlicher Ausgrenzung bis hin zu Gewalt konfrontiert sind.

In Hinblick auf drohende Ausgrenzung und Diskriminierung hätte ich nun vor Jahren jedes Label ablehnen können. Hätte versuchen können, mich eben *nicht* zu markieren, mich *nicht* in die Ecke zu stellen. Ganz »normal« sein zu wollen, nicht aufzufallen, nicht anzuecken. Nicht als jüdisch erkennbar zu werden, nicht als schwuler Mann aufzutreten, sondern ganz universalistisch als »Mensch«. Ich hätte mich auf den Standpunkt stellen können: »Was geht es die Welt an, woran ich glaube, wer meine Eltern sind oder mit wem ich schlafe?« Und jahrzehntelang war genau dies eine Haltung, die zumindest weiß gelesenen Menschen wie mir ein weitgehend unbehelligtes Leben in der deutschen Öffentlichkeit ermöglicht hat. Doch diese Methode des Verschweigens, des Normal-sein-Wollens funktioniert nicht mehr. In Wahrheit hat sie nie funktioniert.

Auch wenn in Berlin vor kurzem eine zu Selbstversuchszwecken getragene Kippa zum Auslöser für einen antisemitischen Übergriff geworden ist, gilt im Umkehrschluss nicht, dass Jüdinnen und Juden sicher wären, wenn sie ihr Jüdischsein einfach für sich behielten. Antisemitismus wird nicht dadurch verschwinden, dass Juden in bestimmten Gegenden ihre Kippa in der Hosentasche verstauen. Und weder hat jeder Mensch die Möglichkeit dazu, noch ist es überhaupt erstrebenswert, dem gesellschaftlichen Normierungsdruck auch nur einen Millimeter nachzugeben. Schon aus Gründen der Solidarität mit jenen, die es sich nicht so einfach machen können, ist es wichtig, die Differenz nach außen zu tragen. Weil beispielsweise *people of colour* ihre Erscheinung nicht verschweigen können wie ich meine jüdische Herkunft. Weil Menschen unterschiedlichen Aussehens, unterschiedlicher Religionen und Weltanschauungen, unterschiedlicher sexueller Identitäten die Offenheit unserer Gesellschaft prägen. Weil die Vorstellung einer gesellschaftlichen »Normalität« eine Illusion ist.

Diese Illusion hat allerdings starken Zulauf: In den vergangenen Jahren haben sich in ganz Europa Bewe-

Tobias Herzberg

gungen formiert, die sich »identitär« nennen und damit
die eigene Überlegenheit meinen. Die wieder die Nation
beschwören und sich anmaßen, beurteilen zu dürfen, wer
zu ihr gehört und wer nicht. Deren Rhetorik hat ganz reale Konsequenzen: Allein im Jahr 2017 hat es in Deutschland 1906 körperliche Angriffe auf Geflüchtete und
weitere 313 Anschläge und Überfälle auf Unterkünfte
gegeben. In Dresden bringen es die selbst ernannten »pa-
triotischen Europäer« fertig, den Freiheitsruf der Revolution von 1989 in einen Schlachtruf der Freiheitsgegner
zu verwandeln: »Wir sind das Volk«, schallt es noch immer jeden Montag über den Theaterplatz, und damit meinen die, die es grölen: Ihr seid es nicht. *Wir* nicht? Wir,
die Anderen – da ist sie, die akzeptierte Fremdzuschreibung –, wir haben nur eine Chance: Wir müssen, wenn
wir in einer offenen Gesellschaft leben wollen, offensiv
und bewusst mit dem eigenen So-Sein (oder Anders-Sein)
umgehen. Und mit »wir« meine ich alle, die eine offene
Gesellschaft wollen.

Das war der Gedanke, der mir schon vor Pegida, Donald
Trump und AfD half, die Furcht vor Selbstghettoisierung
zu überwinden. Weshalb ich kein Problem damit hatte,
mich selbst zu labeln, als schwul – und als jüdisch. Wobei
selbstverständlich das Selbst-Labeling als schwul schon
viel früher stattgefunden hatte, bereits Jahre vor meinem
Aufnahmegespräch beim Ernst Ludwig Ehrlich Studienwerk. Und zwar gleich mehrfach in Form meines sogenannten *Coming-Outs*, einer Erwartungserfüllung, einem
»Bekenntnis«, das nie abgeschlossen scheint. Es ist dies
ja nicht ein einmaliger Akt der Befreiung, sondern ein

immer wiederkehrender Moment der Markierung. Nicht immer ist ein solcher Vorgang mit Problemen verbunden, stets aber mit einem Prozess der Namensfindung: Ich wähle, wie ich bezeichnet werden will, um der (meist abwertenden) Fremdzuschreibung den Wind aus den Segeln zu nehmen. Ein »bekennender« Schwuler war ich also schon, bevor ich mich zum Jüdischsein bekennen sollte, und mir war nichts anderes übrig geblieben, als aus der Ablehnung, die mir als Jugendlicher für mein »Anders-Sein« entgegengebracht wurde, Selbstbewusstsein zu beziehen, was mich gewissermaßen wappnete für ein erneutes Coming-Out jüdischer Art.

Anders als meine sexuelle Orientierung in Theorie und Praxis empfand ich lange Zeit meine jüdische Herkunft nicht als konstituierendes Element meiner Identität. Eher bruchstückhaft bildeten die Schoah-Vergangenheit meiner Familie, die Hebräischkenntnisse meines Vaters, mehrere generationsübergreifende Migrationsbewegungen und nicht zuletzt unsere in Israel lebende Verwandtschaft Anhaltspunkte einer allenfalls *gefühlten* Identität; für eine kritisch-produktive Auseinandersetzung musste ich mich in den Austausch mit anderen begeben. Insofern erschien mir die Möglichkeit einer Aufnahme ins Studienwerk schließlich nicht mehr wie der Aufbruch ins Ghetto, sondern eher wie das Gegenteil. Denn die Kommission, die für meine Aufnahme stimmte, wusste, auf wen sie sich einließ: Da saß ein nicht besonders jüdisch sozialisierter Mensch (was auch immer ich mir unter »besonders jüdischer« Sozialisation vorstellte), dem sie durch ihre Auswahl eine seltene Form der Verantwortung über-

Tobias Herzberg

trug. Die ins Ernst Ludwig Ehrlich Studienwerk aufge-
nommenen Stipendiat*innen gehören zu dem gut einen
Prozent der Studierenden in der Bundesrepublik, die von
einem Begabtenförderungswerk finanziell, vor allem aber
ideell gefördert werden. Was für eine Chance, Kontakte
zu knüpfen, sich auszutauschen, kommunikative Netz-
werke zu bilden, über den Tellerrand des eigenen Studien-
fachs, der Universität, der Gemeinde oder Gemeinschaft
und nicht zuletzt auch des Studienwerks selbst hinaus-
zublicken! Was für ein ungeheuerliches Privileg, was für
eine Verantwortung, derer sich alle Geförderten bewusst
sein sollten. Denn eine solche Chance nicht zu nutzen,
das können wir uns angesichts der Menschenfeinde, die
in unseren Parlamenten sitzen, nicht mehr leisten.

Wenn ein religiös gebundenes Studienwerk wie das
ELES heute eine Daseinsberechtigung und Aufgabe hat,
dann, seine Mitglieder zu animieren, aus einer bloß *gefühlten* Identität eine strategische Identität*politik* zu
entwickeln – stets mit dem Ziel, Deutungshoheit über
die eigene Identitätszuschreibung zu erlangen. Jedoch
nicht, um sich wichtiger zu nehmen als andere, sondern
um zu begreifen, wie jene gesellschaftlichen Mechanismen beschaffen sind, die Ausgrenzung kreieren oder be-
günstigen. Das beinhaltet unbedingt, die eigene Perspektive zu kennen, aber auch, sie immer wieder kritisch zu
überprüfen. Erst daraus entsteht überhaupt Identität: aus
Kenntnis und Hinterfragung des vermeintlich Eigenen.
Identität ist keine feste Größe. Sie speist sich aus vielen
Einflüssen. Sie verändert sich. Und mein Gegenüber hat
genau wie ich ein Recht auf Selbstverortung und Selbst-

bestimmung – gerade in der Art, wie sie oder er sich selbst beschreibt und angesprochen werden will. Mit diesem Wissen und der Fähigkeit, empathisch auf andere, die Markierungserfahrungen machen mussten, zuzugehen, lässt sich Wertschätzung für die gesellschaftliche Diversität unserer Gegenwart gewinnen.

Die Differenz zwischen mir und anderen nicht bloß hinzunehmen, sondern zur Grundlage von Kommunikation zu erheben, dieser Respekt vor dem Selbstbestimmungsrecht der Anderen ist auch eines der Grundprinzipien unserer Arbeit am Maxim-Gorki-Theater. Hier wird nicht über »die Anderen« gesprochen oder Theater gemacht, sondern diese ominösen »Anderen« kommen selbst zu Wort und das Nachdenken über andere Kommunikations- und Schaffensprozesse ist längst in etablierte Praxis überführt worden, um jenen gesellschaftlich an den Rand gerückten Positionen, die sonst im Hochkulturbetrieb der deutschen Stadt- und Staatstheater kaum vorkommen, Raum zu geben.

Zwei Beispiele:

1. In der Diskussionsreihe *Kosmos*[2] fragte die Künstlerin und Postkolonialismusforscherin Grada Kilomba knapp 200 Jahre nach Alexander von Humboldts berühmten »Kosmos-Vorlesungen« in der damaligen Sing-Akademie zu Berlin (dem heutigen Maxim-Gorki-Theater), wer heute Wissen nach Berlin bringt. Zwischen 2015 und 2017 lud Grada Kilomba Kunstschaffende, deren Leben im 21. Jahrhundert von Flucht und Migration geprägt sind, an ebendiesen Ort ein. Zeitge-

nössischer Tanz im Iran, Dokumentarfilm in Syrien, die Theaterszene in der Ukraine – in insgesamt dreizehn Veranstaltungen gewährten Künstler*innen Einblicke in ihre Arbeit und führten intensive Gespräche über Wissensproduktion, Kunst, ihre Arbeitsbedingungen, etwa darüber, wie sie angesichts von Unterdrückung neue Formen für ihre Kunst finden mussten. Die Veranstaltungen kosteten keinen Eintritt und wurden live im Internet gestreamt, um eine möglichst große Teilhabe zu erreichen.

2. Im April 2018 fand am Gorki die weltweit erste *Roma Biennale* unter dem Titel »Come out now!« statt, ein interdisziplinäres Kunstfestival von und mit Künstler*innen aus ganz Europa, die den verschiedenen Roma-Communities angehören. Der Titel bediente sich bewusst spielerisch und provokativ des *Coming-Outs* als Begriff und Praxis aus dem Kontext sexueller Orientierungen und Identitätskonstruktionen und sollte verstanden werden als Einladung, sich den Herausforderungen und Diskriminierungen zu stellen, mit denen die Roma, Europas größte Minderheit, konfrontiert sind. Gleichzeitig war der Titel eine Aufforderung an die Künstler*innen, die an diesem Projekt beteiligt waren, mögliche Einflüsse ihrer Roma-Identität auf ihre Kunst zu befragen. Vor allem aber sollte er als Aufruf an alle verstanden werden, für sich selbst und für die Rechte anderer einzustehen, und nicht zuletzt als Ermutigung, den Slogan wörtlich zu nehmen: physisch herauszukommen, auf die Straße zu gehen

und sich demokratisch zu solidarisieren mit jenen, die keine Lobby haben – weshalb eine Straßenparade mit künstlerischen und politischen Beiträgen Teil des Programms war.

Die beiden Beispiele sollen nur eine Vorstellung davon geben, welche Wege ein Theater wählen kann, um »Anderen« auf Augenhöhe zu begegnen, statt sie zu exotisieren oder komplett auszublenden. Während das Maxim-Gorki-Theater daran arbeitet, die scheinbaren Gewissheiten des deutschsprachigen Stadttheaters zu hinterfragen, fungiert das Studio Я dabei als hauseigenes Korrektiv und sicherer Begegnungsraum, in dem die erprobten Methoden immer wieder kritisch reflektiert und weiterentwickelt werden.

Wie das Theater, an dem ich arbeite, meine Auffassung, Identität als wandelbares Konstrukt zu denken, beflügelt, wurde ich auch durch das Ernst Ludwig Ehrlich Studienwerk immer bestärkt, die eigene Perspektive nicht als Zuschreibung zu erleben, sondern als Chance auf eine kritisch-konstruktive Auseinandersetzung damit, was es bedeutet, heute in Deutschland (jüdische) Minderheit zu sein. Das Ernst Ludwig Ehrlich Studienwerk ist ein von pluralistisch-humanistischen Idealen getragenes Netzwerk, das Konflikte begrüßt. Es unterstützt seine Stipendiat*innen in ihrer Beschäftigung mit Kultur, Religion und Gesellschaft. Es vermittelt Zugänge, statt Barrieren zu bauen – und dies nicht nur innerhalb der eigenen Institution: Zahlreiche Veranstaltungen finden inzwischen in enger Kooperation mit dem muslimischen Avicenna-Stu-

Tobias Herzberg

dienwerk statt. Mit dem Programm *Dialogperspektiven* hat ELES zudem eine Veranstaltungs- und Diskursreihe zu Religion und Weltanschauungen initiiert, die Teilnehmer*innen aller dreizehn Förderwerke offensteht. Und was mich als Theatermacher besonders freut: Seit bald zwei Jahren verfügt das Ernst Ludwig Ehrlich Studienwerk über eine eigene Förderplattform für Nachwuchskünstler*innen. Das DAGESH KunstLAB richtet sich an jüdische Student*innen aller künstlerischen Disziplinen. Dabei geht es nicht darum, »jüdische Kunst« zu produzieren, wohl aber darum, die eigene Perspektive auch und gerade im künstlerischen Schaffensprozess zu befragen und miteinander in Dialog zu treten.

Natürlich kann auch der Dialog, kann auch ein emanzipatorischer Identitätsbegriff nicht verhindern, dass die Fremdzuschreibung zuschlägt. Wer sich als Jüdin oder Jude zu erkennen gibt, ist es gewohnt, in Rechtfertigungsdruck zu geraten und immer wieder aufgefordert zu werden, Stellung zu beziehen: »Wie stehst du zu Israel?«, oder für ein konstruiertes »Ihr« zu sprechen: »Habt ihr Juden nicht auch Angst vor der muslimischen Zuwanderung?« Kaum retten kann man sich vor der Vereinnahmung, wenn von »christlich-jüdischen Werten« die Rede ist, die gegen die Schreckensvision einer schleichenden Islamisierung zu verteidigen seien. In solchen Fällen ist es ratsam, sich gut zu überlegen, für welches »Wir« man sprechen will. Wer dem vorgeschobenen Philosemitismus und der ostentativen Israelfreundlichkeit der neuen Braunen vertraut, macht es sich zu einfach.

Die Bloggerin und Autorin Kübra Gümüşay forderte

einmal in einer emotionalen Rede dazu auf, »Liebe zu organisieren«. Dies sei notwendig in einem Land, in dem der Hass inzwischen zu gut organisiert sei. Und sie fragte: »Wo kämen wir hin, wenn nur Juden sich gegen Antisemitismus und nur Schwarze gegen Rassismus wehren würden?«

Identitätspolitik strategisch zu denken und zu vertreten bedeutet sich zu solidarisieren. Sich für die eigene Position stark zu machen ist Arbeit an der offenen Gesellschaft – einer Gesellschaft, die Konflikte erträgt und simple Lösungen meidet. Weil sie ihr Potenzial aus der Diversität der in ihr versammelten Identitäten bezieht, hat sie soziale Labels irgendwann nicht mehr nötig. Davon profitieren am Ende alle.

Tobias Herzberg

War da was? –
Altes Erinnern, neues Judentum

Erziehung über das Judentum oder zum Judentum? Perspektiven jüdischer Bildung

Sandra Anusiewicz-Baer

בְּאֵין חָזוֹן יִפָּרַע עָם וְשֹׁמֵר תּוֹרָה אַשְׁרֵהוּ:

Wo es keine Vision gibt, wird das Volk zugrunde gehen, aber der die Tora bewahrt, wird glücklich sein.

(Mischlej 29:18)

Im Jahr 2018 gibt es wieder 13 jüdische Schulen in Deutschland: vier Grundschulen und eine Oberschule[1] in Berlin, je eine Grundschule und ein Gymnasium in Düsseldorf und München sowie Grundschulen in Hamburg, Köln und Stuttgart, außerdem die I. E. Lichtigfeld-Schule in Frankfurt, die bis zur 9. Klasse führt und aktuell zum Gymnasium ausgebaut wird. Jede Schulgründung, die erste davon in Frankfurt am Main 1966, wurde begleitet von Erwartungen, Ansprüchen, Hoffnungen; Erwartungen, einen geschützten Raum vorzufinden, in dem die jüdische Identität der Kinder gestärkt würde; dem Anspruch, dass jüdische Schulen ein Ausdruck dafür seien, dass Deutschland die Auseinandersetzung mit seiner Vergangenheit nicht scheut, sondern erfolgreich bewältigt. Und schließlich Hoffnungen, dass all diese Bemühungen fruchten mögen und jüdisches Leben in Deutschland wieder eine Zukunft habe. Dass Erziehung etwas mit Zukunft zu tun hat, davon war man bereits in der Vergangenheit überzeugt. In einem offenen Brief an die Berliner

Gemeindevorsteher schrieb der renommierte jüdische Wissenschaftler, Redakteur und Schuldirektor Leopold Zunz 1823: »Die Erziehungsfrage ist heutzutage die entscheidende Frage. Von ihrer Lösung hängt unsere ganze Zukunft ab – im Guten und im Schlechten.«[2] Erziehung und Bildung, so zeigte sich auch der einstige Oberrabbiner des Vereinten Königreichs, Sir Jonathan Sacks, im ausgehenden 20. Jahrhundert überzeugt, bedeutet für Juden nicht lediglich, was sie wissen und wie sie lernen, sondern schlicht, wer sie sind (vgl. Cohen 2012: 5). Es war eben diese Überzeugung, dass von der jüdischen Erziehung und Bildung alles abhinge, wobei *alles* das Überleben der Juden *als* Juden bedeutete, die jede Schuleröffnungsfeier im Nachkriegsdeutschland begleitete.

Frankfurt, das bereits 21 Jahre nach der Auslöschung jüdischen Lebens eine jüdische Schule neu gründete, blieb lange Zeit solitär. Mit Ausnahme der Sinai-Grundschule in München (1976) und der Jüdischen Grundschule in Berlin (1986), die später den Namen Heinz Galinskis tragen sollte, wurden alle jüdischen Schulen in Deutschland nach der Wiedervereinigung eröffnet.[3] Wiedervereinigung, das hieß auch Zuzug Tausender russischsprachiger Jüdinnen und Juden in die alten und neuen Bundesländer. Es kann als unbestritten gelten, dass die Zuwanderung den Aufbau eines jüdischen Bildungssystems in Deutschland erst wieder notwendig gemacht hat. Durch sie entstand eine kritische Masse an jüdischen Schülerinnen und Schülern, die die Gründung derartiger Einrichtungen sinnvoll und realisierbar erscheinen ließ. Der Zustrom an Kontingentflüchtlingen hat die jüdische Bildungslandschaft in Deutschland daher entscheidend verändert. Aber hat die jüdische Schule auch die nach Deutschland eingewanderten Jüdinnen und Juden verändert? Und nicht nur sie: Wie, so ist allgemein zu fragen, hat eine jüdische Schulbildung generell all jene geprägt, die sie durchlaufen haben? Denn anders als von vielen erwartet, setzt sich die Schülerschaft all dieser jüdischen Schulen keinesfalls nur aus jüdischen Kindern, geschweige denn solchen mit russischsprachigem Hintergrund zusammen. Vielmehr repräsentiert sie ein buntes Gemisch an religiösen oder atheistischen Überzeugungen, Muttersprachen und Vaterländern. Am Berliner Jüdischen Gymnasium Moses Mendelssohn lernen derzeit etwa 450 Schülerinnen und Schüler,[4] von denen 60 bis 65 Prozent jüdische Teenager sind. Die anderen 35 bis 40 Prozent sind nichtjüdisch. Diese Quote mag von jüdischer Schule zu jüdischer Schule variieren, doch allen Schulen gemeinsam ist, dass sie Kindern unterschiedlicher Konfession offenstehen und dieses Angebot auch angenommen wird.[5]

Da der Aufbau neuer jüdischer Schulen in Deutschland nach 1945 erst in der Nachfolge der Einwanderung von 200 000 Kontingentflüchtlingen vorangetrieben wurde, steckt die deutsch-jüdische Nachkriegsschulgeschichtsschreibung verständlicherweise noch in den Kinderschuhen. Zu klein war die jüdische Bildungslandschaft, zu gering die Schülerzahlen. Nun, nachdem alle Schulen – mit Ausnahme der Gymnasien in Düsseldorf und München – ein Jahrzehnt und länger in Betrieb sind, lohnt sich eine Überprüfung der anfangs genannten Überzeugung, dass

Sandra Anusiewicz-Baer

die jüdische Schule die Identität ihrer Schülerinnen und Schüler stärkt. Es ist Zeit, die Erwartungen, Ansprüche und Hoffnungen einem »reality check« zu unterziehen.

Dabei stößt man allerdings prompt auf eine grundlegende definitorische und methodische Schwierigkeit. Denn der zentrale und so populäre Begriff der »jüdischen Identität« bleibt in seiner Verwendung, und das heißt mithin in seiner Überprüfung, recht konturlos. Bereits vor einigen Jahrzehnten konstatierten Soziologen, dass sich das Selbstkonzept eines Menschen in einer sich rasant verändernden Welt ebenso schnell wandle und die Individuen gezwungen sind, ihre Vorstellung von sich selbst den jeweiligen Gegebenheiten anzupassen. Identität, so schreiben es Heiner Keupp (2008, 2014) und andere (z. B. Eickelpasch/Rademacher 2010; Popp 2014), sei grundsätzlich als fluid, hybrid und facettenreich zu denken. Es ist geradezu ein Merkmal westlicher Gesellschaften, dass Individuen im Laufe ihres Lebens ihre Identität verändern, alte Identitäten abstreifen, neue hinzunehmen. Die Vorstellung, dass Identität erlernt werden kann, entspringt daher dem postmodernen Befund, dass Identität nicht angeboren ist, sondern immer erst erworben werden muss. Und so sind die Parolen, die jüdische Identität der jungen Generation zu stärken, die als Ziel jüdischer (Schul-)Bildung ausgerufen werden, konstruktivistischer Natur. Erst infolge der Aufklärung lösten sich die Vorstellungen darüber auf, wer Jude oder Jüdin bzw. was unter jüdisch zu verstehen sei – und zwar gleichermaßen bei Juden wie Nichtjuden. Der Rekurs auf die jüdische Identität ist daher der Versuch, der Erosion einer kohärenten Idee von und Identifikation mit den Juden als Gruppe entgegenzuwirken.

Doch wie misst man etwas, das derart instabil und mehrdeutig ist? Erste Untersuchungen zu den Wirkungen einer jüdischen Schulbildung auf die Identitätsentwicklung legten Forscher aus Nordamerika zu Beginn der Sechzigerjahre vor (vgl. Pollak 1961).[6] Der überwiegende Teil dieser Studien arbeitete quantitativ und fragte nach bestimmten Verhaltensweisen und Praktiken, die als Indikatoren für eine jüdische Identität galten, wie das Einhalten der jüdischen Speisegesetze und der Ruhegebote zu Schabbat oder die Spendenbereitschaft für jüdische Organisationen. Mittlerweile wird der Sinn solcher Checklisten kritisiert, da das komplexe Thema Identität mit quantitativen Untersuchungen nicht abzustecken sei und jüdische Identitäten, die sich z. B. nicht an religiöser Observanz festmachen lassen, auf diese Weise nicht erfasst und analysiert werden können (vgl. Charmé et al. 2008; Charmé/Zelkowicz 2011). Die israelischen Forscher Gabriel Horenczyk und Hagit Hacohen Wolf bringen es auf den Punkt: »Conclusions regarding Jewish identity cannot be drawn from behaviors or activities reported but rather the self-understanding of a person regarding the place of Judaism in his life/experience must be examined independently of the normative Jewish image – ›good‹ or ›bad‹/›strong‹ or ›weak‹.« (Horenczyk/Hacohen Wolf 2011: 192) Inwieweit eignet sich der Begriff jüdische Identität also noch zur Zielbestimmung jüdischer Bildung? Genügt der Verweis auf die jüdische Identität, um das Lernziel klar abzustecken? Fragen, die

Sandra Anusiewicz-Baer

zumindest in den USA vermehrt von Pädagogen und Erziehungswissenschaftlern debattiert und empirisch ausgelotet werden (vgl. Chazan/Chazan/Jacobs 2017). In Deutschland lohnt ein genauer Blick auf die Arbeit der 1993 gegründeten Jüdischen Oberschule, die bis 2016 die einzige jüdische Schule in Deutschland war, die bis zum Abitur führte. Wie hat die Zeit an dieser Schule die Identität der Kinder und Jugendlichen beeinflusst und vor welchen Herausforderungen steht die Schule und ihr Bildungskonzept im 21. Jahrhundert?

Die Jüdische Oberschule unterscheidet sich von anderen weiterführenden Schulen durch ihr spezifisch jüdisches Profil, das einerseits durch die zusätzlichen Fächer Jüdische Religion, Bibel und Hebräisch zum Tragen kommt und sich andererseits in der Vermittlung der Geschichte des Nationalsozialismus und Israels spiegelt. Es sind die Themen Judentum (als Religion und Kultur), Nationalsozialismus und Israel, die den inhaltlichen Bezugsrahmen bilden (vgl. Anusiewicz-Baer 2017: 190–228). Theorie und Praxis werden dabei zu einem ganzheitlichen Bild verwoben. Eingebettet in den jüdischen Jahreszyklus lernen die Jugendlichen den Fest- und Feiertagskalender kennen und begehen die Trauertage (z. B. *Jom HaSchoah*). Gleichzeitig werden sie mit der praktischen Ausführung der Feste vertraut gemacht. Sie lesen die Bibel und lernen Segenssprüche. Sie setzen sich mit deutsch-jüdischer Geschichte auseinander, üben Iwrit, das Neuhebräische, studieren Israels Politik und Geographie und fahren auf Klassenfahrt nach Haifa. Es sind somit vor allem die Inhalte, die das Jüdische Gymnasium jüdisch machen. Die

Schule ist jüdisch durch das, was sie sagt und durch die Art, wie sie es sagt. Die Absolventinnen und Absolventen werden zweifellos mit einer belastbaren Basis an grundlegendem Wissen über das Judentum entlassen und ihnen werden alle notwendigen Fähigkeiten, die Religion zu leben, vermittelt. Inhalte lassen sich lernen, ebenso Bräuche und Rituale. Doch ergeben sich verbunden mit dem Lernziel »jüdische Identität« zwei entscheidende Fragen: Erstens, existiert ein Konsens bezüglich der Lerninhalte und wie sieht dieser aus? Zweitens, funktioniert der Wissenstransfer von der Schule in den nachschulischen Lebensbereich? Mit anderen Worten: Können die gelernten Inhalte in gelebte Identität übersetzt werden?

Zur ersten Frage: Ein Konsens setzt voraus, dass unterschiedliche Parteien zu einer übereinstimmenden Auffassung gelangen. Am Jüdischen Gymnasium Moses Mendelssohn hieße das, dass man sich auf ein Narrativ, eine maßgebliche Tradition geeinigt hat. Zwei Beispiele, eins aus dem religiösen und eins aus dem Bereich des historischen Lernens, können illustrieren, dass dieser Konsens, was die spezifischen Lerninhalte anbetrifft, nicht immer einfach herzustellen ist. Bei den Schülerinnen und Schülern bestehen sehr unterschiedliche Vorstellungen darüber, ob die Teilnahme am Morgengebet verpflichtend sein sollte oder ob die Auseinandersetzung mit dem Nationalsozialismus und der Schoah, die ihren Ausdruck findet in Gedenkstättenfahrten und Gedenkveranstaltungen, Zeitzeugengesprächen und der künstlerischen Beschäftigung mit dem Thema, in dieser Intensität notwendig ist. Abhängig von der Herkunft der

Sandra Anusiewicz-Baer

Mädchen und Jungen gestaltet sich ihr Zugang zu diesen Themen sehr unterschiedlich. So treffen in einer Klasse verschiedene Perspektiven aufeinander. Für Kinder von Zuwanderern erlangt die Schoah oftmals nicht die gleiche Bedeutsamkeit wie für jüdische Schülerinnen und Schüler mit deutschen Wurzeln, deren Verwandte von Ausgrenzung, Verfolgung, Exil und Vernichtung betroffen waren. Nichtjüdische Schülerinnen und Schüler begegnen dem Thema wiederum anders, als es bei Kindern aus gemischten jüdisch-nichtjüdischen Familien der Fall ist.[7] Doch führt das intensive Lernen über die Jahre 1933 bis 1945, unabhängig davon, ob ein Konsens über die Art der Vergangenheitserinnerung oder die Existenz einer Geschichtsgemeinschaft besteht, dazu, eine Bildungsgemeinschaft zu begründen, deren Mannschaften sich im kommunikativen Tauziehen um den zentralen Gegenstand Judentum eins wissen.

Zur zweiten Frage: Die Einengung auf ein Narrativ bzw. eine Tradition erscheint zunächst richtig. Denn erst die für alle geschaffene, gleiche Grundlage eignet sich als Ausgangspunkt, von dem aus Traditionen infrage gestellt werden können. Weil das Jüdische Gymnasium aber keine religiöse Schule ist, sondern eine allgemeinbildende weiterführende Schule, die prinzipiell Schülern aller Ausrichtungen offensteht, kann sie keine Observanz einfordern und bleibt daher dem Duktus verhaftet, lediglich Möglichkeiten aufzuzeigen. Fazit: Der Schulbesuch führt nicht zur Observanz und das Interesse am Judentum nicht zu seiner praktischen Umsetzung im Alltag. In erster Linie findet Erziehung *über* das Judentum statt, nicht *zum* Judentum. Dennoch wird die Grundlage geschaffen für das, was Michael Daxner eine »positive Intention« nennt, oder mit den Worten des großen deutschen Rabbiners Leo Baeck: »Der Wille und die Überzeugung dem Judentum zuzugehören, ...« (zitiert bei Daxner 2007: 204). Das gilt für die russischsprachigen Kinder ebenso wie für diejenigen, die lediglich auf eine jüdische Großmutter oder einen jüdischen Großvater zurückgreifen können. Ihnen allen gemeinsam ist das unverbrüchliche Bekenntnis zum Judentum, ohne sich dadurch zur Einhaltung der Religionsgebote verpflichtet zu fühlen. Dieses Zugehörigkeitsgefühl wird auch vehement verteidigt, sollte es außerhalb der Schule von halachischen Autoritäten infrage gestellt werden, und es führt bei nichtjüdischen Schülerinnen und Schülern im Falle antisemitischer Angriffe zur Solidarisierung mit ihren jüdischen Peers bzw. dem Judentum schlechthin.

Interessant ist dabei, dass die Schülerinnen und Schüler neben den vermittelten Inhalten vor allem die Besonderheit ihrer Schule als prägend empfunden haben. Denn neben den spezifischen Inhalten beeinflusst die Erfahrung, als etwas Besonderes zu gelten, das Selbstkonzept der jugendlichen Protagonisten. Die inhaltlich-curriculare Spezialisierung begründet einen Seltenheitswert, der dazu führt, eine bestimmte Klientel anzuziehen, die sich wiederum in ihrer Besonderheit bestätigt fühlt und dadurch ein Gruppenzugehörigkeitsgefühl ausbildet. Oftmals, das zeigen die Werdegänge der Absolventinnen und Absolventen des Jüdischen Gymnasiums Moses Mendelssohn, wählen sie ein Studienfach oder einen Beruf nicht

Sandra Anusiewicz-Baer

nur des inhaltlichen Fokus wegen, sondern weil sie sich auch weiterhin in einem Umfeld bewegen wollen, in dem entweder die Mehrheit jüdisch oder an jüdischen Themen interessiert ist.

Anhand der bisher im Text aufgeworfenen Fragen und Befunde müssen an dieser Stelle nun die Herausforderungen für die jüdische Schule des 21. Jahrhunderts in Deutschland deutlich benannt werden.

Zunächst gilt es, das Mantra, die jüdische Identität werde durch eine jüdische Schulbildung gestärkt, nicht unreflektiert zu wiederholen. Vielmehr sollten alle für jüdische Erziehung und Bildung Verantwortlichen eine offene Diskussion darüber führen, welche Inhalte und – verbunden damit – welche Werte sie der heranwachsenden Generation vermitteln wollen. Das betrifft alle Themen, beginnend bei jüdischer Kultur, Traditionen und der Religionsausübung über die Auseinandersetzung mit der Vergangenheit und Gegenwart bis hin zur Beschäftigung mit dem Verhältnis zum Staat Israel. Diese Diskussion muss die verschiedenen Narrative berücksichtigen und partikulare Interessen in den Blick nehmen, ohne gleichzeitig einem Relativismus zu verfallen. Denn wenn jede einzelne Meinung gilt, triumphiert der Individualismus über das Gemeinschaftsgefühl. Pluralismus darf nicht nur als eine pädagogische Notwendigkeit im Hinblick auf eine diverse Schülerschaft verstanden werden, sondern als ein Wert an sich (vgl. Kress 2013: 129f.), wobei das delikate Gefüge von »individual commitments« und »group cohesion and community« ausbalanciert werden muss (ibid. 2013: 114). Pluralismus ist Grenzen unterworfen, die in unserem Fall die Ränder der (jüdischen) Gemeinschaft definieren und im dialogischen Austausch festlegen, wie der Welt als Jude oder Jüdin zu begegnen ist. So darf sich die Schule in ihren Bildungsanstrengungen nicht nur auf die Vermittlung relevanter Themen beschränken, sondern muss gleichzeitig auf ein jüdisches Leben nach der Schule hinwirken. Schließlich geht es gerade darum, wieder lebendiges Judentum in Deutschland entstehen zu lassen. Dazu braucht es lebendige Juden und nicht bloß ein Judentum, über das geredet und gelernt wird. Deshalb benötigen wir dringend eine Verständigung dahingehend, was Ausdruck eines lebendigen Judentums ist. Gerade jüdische Schulen sollten sich nicht scheuen, eine Vision jüdischer Bildung und Erziehung, mithin gelebten Judentums zu entwickeln. Gelebtes Judentum wird verkörpert von Menschen, die nicht nur zufällig Juden sind, sondern die sich jüdisch verstehen und die jüdisch sein wollen. Sie müssen sich auskennen in ihren Traditionen, sich zu diesen Traditionen in Beziehung setzen und sie mit Leben, ihrem Leben, füllen. Das erfordert Mut und Selbstvertrauen. Vertrauen in die eigene Lebendigkeit und in die Überzeugungskraft für ein jüdisches Leben.

Sandra Anusiewicz-Baer

1 Die Jüdische Oberschule in Berlin, kurz JOS genannt, wurde 2012 in Jüdisches Gymnasium Moses Mendelssohn umbenannt.

2 Sendschreiben des Vereins für Cultur und Wissenschaft der Juden an die Mitglieder der jüdischen Gemeinde in Berlin.

3 Es folgte 1993 die Yitzhak-Rabin-Schule in Düsseldorf und im gleichen Jahr die Jüdische Oberschule in Berlin. Die nächsten Schulgründungen fielen allesamt in die Zeit nach der Jahrtausendwende: 2002 die Lauder Morijah Schule in Köln, 2005 die Jüdische Traditionsschule von Chabad in Berlin, 2007 die Joseph-Carlebach-Stadtteilschule in Hamburg, 2008 jeweils die Jüdische Grundschule Stuttgart und die Lauder Beth-Zion Grundschule in Berlin (eine Gemeinschaftsschule im Aufbau). Die beiden Gymnasien in Düsseldorf und München nahmen 2016 ihren Betrieb auf.

4 Vgl. http://www.josberlin.de/ (letzter Zugriff 27.3.2018).

5 Auf die Gründe, warum nichtjüdische Familien sich für eine jüdische Schule entscheiden, soll hier nicht eingegangen werden. Vgl. dazu das Kapitel 2.2 zu Schulwahlmotiven für die Jüdische Oberschule in Berlin in Anusiewicz-Baer (2017: 131–172).

6 Vgl. außerdem die Studien von Himmelfarb (1974), Heimowitz (1979) und Cohen (1974).

7 Selbstredend begegnen nie alle einer bestimmten Gruppe zugeordneten Individuen dem Thema auf gleiche Art und Weise. Unterschiedliche Erfahrungen und Familiennarrative grundieren den Zugang zum Thema Vergangenheit. Russischsprachige Familien mit Roter-Armee-Erfahrung können die Vermittlung von NS-Zeit und Schoah anders bewerten als Familien, deren Angehörige z.B. durch Verstecken in Deutschland überlebt haben. Vgl. zu den unterschiedlichen Narrativen die Kapitel von Brumlik (172–176), Kugelmann (177–181) und Diner (243–257) in dem von Micha Brumlik (1986) et al. herausgegebenen Band »Jüdisches Leben in Deutschland seit 1945« sowie Bodemann/Brumlik (2010) als auch Peck (2006).

Literatur

Sandra Anusiewicz-Baer, Die Jüdische Oberschule in Berlin. Identität und jüdische Schulbildung seit 1993, Bielefeld 2017.

Y. Michal Bodemann/Micha Brumlik (Hg.). Juden in Deutschland – Deutschland in den Juden, Göttingen 2010.

Micha Brumlik, Zur Identität der zweiten Generation deutscher Juden nach der Shoah in der Bundesrepublik, in: Micha Brumlik/Doron Kiesel/Cilly Kugelmann/Julius H. Schoeps (Hg.), Jüdisches Leben in Deutschland seit 1945, Frankfurt am Main 1986, 172–176.

Stuart Charmé et al., Jewish Identities in Action. An exploration of models, metaphors, and methods, Journal of Jewish Education 74(2), 2008, 115–143.

Barry Chazan/Robert Chazan/Benjamin M. Jacobs, Cultures and Contexts of Jewish Education, Cham 2017.

Michael Cohen, Introduction, in: Perspectives in Contemporary Jewish Education. 8th Biennial Australian Jewish Educators' Conference, Melbourne 2012, 5.

Steven M. Cohen, The impact of Jewish education on religious identification and practice, Jewish Social Studies 36, 1974, 316–326.

Dan Diner, Negative Symbiose, in: Micha Brumlik/Doron Kiesel/Cilly Kugelmann/Julius H. Schoeps (Hg.), Jüdisches Leben in Deutschland seit 1945, Frankfurt am Main 1986, 243–257.

Rolf Eickelpasch/Claudia Rademacher, Identität (Einsichten. Themen der Soziologie), Bielefeld 2010.

Joseph Heimowitz, A Study of the Graduates of the Yeshiva of Flatbush High School, New York City 1979.

Harold Himmelfarb, The impact of religious schooling: The effects of Jewish education upon adult religious involvement. Dissertation, University of Chicago 1974.

Gabriel Horenczyk/Hagit Wolf Hacohen, Jewish Identity and Jewish Education, in: Helena Miller/Lisa D.

Sandra Anusiewicz-Baer

Grant/Alex Pomson (Hg.), International Handbook of Jewish Education, Part One, New York 2011, 183–201.

Heiner Keupp et al., Identitätskonstruktionen. Das Patchwork der Identitäten in der Spätmoderne, Reinbek bei Hamburg ⁴2008.

Heiner Keupp, Eigenarbeit gefordert. Identitätsarbeit in spätmodernen Gesellschaften, in: Jörg Hagedorn (Hg.), Jugend, Schule und Identität. Selbstwerdung und Identitätskonstruktion im Kontext Schule, Wiesbaden 2014, 167–186.

Jeffrey S. Kress, Development, Learning, and Community. Educating for Identity in Pluralistic Jewish High Schools, Boston 2013.

Cilly Kugelmann, Zur Identität osteuropäischer Juden in der Bundesrepublik, in: Micha Brumlik/Doron Kiesel/Cilly Kugelmann/Julius H. Schoeps (Hg.), Jüdisches Leben in Deutschland seit 1945, Frankfurt a. M. 1986, 177–181.

Jeffrey M. Peck, Being Jewish in the New Germany, New Brunswick et al. 2006.

George Pollak, The Graduates of Jewish Day Schools. A Follow-Up Study, Dissertation, Western Reserve University 1961.

Ulrike Popp, Schule als interaktiver Sozialraum, in: Jörg Hagedorn (Hg.), Jugend, Schule und Identität. Selbstwerdung und Identitätskonstruktion im Kontext Schule, Wiesbaden 2014, 109–123.

Leopold Zunz, Sendschreiben des Vereins für Cultur und Wissenschaft der Juden an die Mitglieder der jüdischen Gemeinde in Berlin, in: Gesammelte Schriften II, Berlin 1876, 221–225.

Von unserer Aufgabe, die Hand auszustrecken – Jüdische Bildungsarbeit heute

Greta Zelener

Nicht selten hörte man in letzter Zeit den Begriff »Heimat«. Sei es im Zusammenhang mit der Frage nach einem Heimatministerium oder, gerade im Jahr des siebzigjährigen Bestehens Israels, mit der Auseinandersetzung, wo denn unsere Heimat, die Heimat der Juden, sei. Während die einen noch »auf gepackten Koffern sitzen«, die Nächsten zum dritten Mal im Monat, beruflich oder privat, durch die Weltgeschichte reisen, weil es zum kosmopolitischen Lifestyle dazugehört, entschließen sich wiederum andere ganz zur Alija, »weil nur der jüdische Staat die wahre Heimat sein kann«.

Eine genaue Begriffsdefinition von Heimat existiert nicht. Vielmehr ist es ein Füllhorn an Assoziationen. Mal ortsgebunden, mal zeitgebunden, für so manche im Zusammenspiel mit der Muttersprache, gegeben oder selbst gewählt, mal singulär und zunehmend oft im Plural.

In Ernst Blochs Werk *Das Prinzip Hoffnung* heißt es: »Es geht um den Umbau der Welt zur Heimat, einen Ort, der allen in der Kindheit scheint und worin noch niemand war«. Das entspricht am ehesten meiner Version von Heimat. Es geht um Werte wie das Schätzen des Anderen, um Offenheit und einen respektvollen Umgang, egal wo und wann. Doch auch ich möchte kurz meine Migrationsgeschichte in dem klassischen Sinn von Heimat verorten, im Sinne von »Woher stamme ich, wo hat meine Geschichte ihren Ursprung?«

Ich bin 1990 in Odessa am Schwarzen Meer geboren. Dass es eine Besonderheit ist, »am Schwarzen Meer« zu erwähnen, war mir noch bis vor kurzem nicht bewusst. Ein guter Freund, selbst Kind von Kontingentflüchtlingen, machte mich darauf aufmerksam. Und tatsächlich höre ich, seitdem mein Ohr dafür geschult wurde, öfters bei Odessiten genau diese Formulierung. Vielleicht ist es Gewohnheit, wohl eher aber die bedingungslose Liebe zum Maritimen. Diese Liebe wurde mit dem Zerfall der Sowjetunion Anfang der Neunzigerjahre getrübt. Gefühle von Unsicherheit, Instabilität und die Hoffnung nach einem besseren Leben woanders für sich, aber vor allem für die Kinder, machten sich breit. Meine Eltern emigrierten 1996 nach Berlin, in die Stadt, die meine Uroma bereits Heimat nannte. Das Erlebte meiner Eltern eröffnet mir Perspektiven, die ich ohne ihre Erfahrungen nicht einnehmen könnte. Mehr oder weniger von einem Tag auf den anderen mussten sie ihre Vorstellungen von der Zukunft über Bord werfen, weil externe Gegebenheiten sie dazu zwangen. Ich kann mir schwer vorstellen, dass meine Mutter vor Freude Luftsprünge gemacht hätte, wäre ihr in ihren Zwanzigern offenbart worden, sie würde ihr Kind dereinst in Deutschland großziehen. Umso größer ist mein Respekt vor ihrer Entscheidung, umso größer mein Verständnis von dem Leid der heutigen Geflüchteten in Deutschland, auch wenn man das Ausmaß kaum vergleichen kann. Das Vergangene hält mich nicht davon ab, mir in der Gegenwart meine eigenen Ideale von der Zukunft in Deutschland zu errichten. Aber im Hinterkopf bleibt ein Mahnmal, dass es eben doch völlig anders kommen kann.

Auch für meine erwähnte Uroma aus Berlin kam es anders als erwartet. Mit ihrer Auswanderung nach Odessa legte sie den Grundstein unserer Familiengeschichte dort. Während des Zweiten Weltkrieges floh sie mit ihren drei Kindern, darunter meine Großmutter, nach Usbekistan, um der Schoah zu entkommen. Von ihren eigenen acht Geschwistern überlebten nur zwei. Nach dem Zweiten Weltkrieg, dem Leid, das sie und ihre Kinder während der Flucht sehen mussten, hatte sie Angst, Judentum als Religion auszuüben. Sie sprach auch kein Deutsch mehr zu Hause. Wieder in Odessa, lebte sie Judentum rein kulturell, durch jüdische Küche und jiddische Musik. Das deutschähnliche Jiddisch erinnerte sie an ihre Heimat Berlin. Dass ich wieder in Berlin lebe und Deutsch neben Russisch zu meiner Muttersprache zählt, ist demnach auch eine Art symbolische Heimkehr, mit mir schließt sich dieser Kreis.

Nach dem Zweiten Weltkrieg erholte sich die jüdische Gemeinde Odessas wieder. 1959 waren wieder rund 16 Prozent der Odessiten Jüdinnen und Juden. Obwohl sie kaum Wissen zum Judentum hatten, sehr selten zur Synagoge gingen und nie religiöse Bräuche oder Gesetze einhielten, waren meine Eltern für die Außenwelt die Juden. Judentum war nämlich nicht ihre Religion, es war ihre Nationalität. So belegte es Paragraf 5 ihrer Pässe. Dadurch waren Juden staatlichem Antisemitismus in Form eines scharfen Numerus clausus an Hochschulen, durch

Greta Zelener

Beschäftigungsstopps in öffentlichen Ämtern, im künstlerischen Bereich und in den Medien ausgesetzt. Zum sowjetamtlichen Antisemitismus kam der stetige Antisemitismus in der russischen Bevölkerung. Überlebensstrategie war dann oft Geheimhaltung, Fernbleiben von allem Jüdischen, sich als Russen zu bezeichnen und als solche zu leben. Verständlich, dass man diese Art langjähriger Sozialisation nicht mit der Ankunft in Deutschland sofort ablegt.

Laut aktuellen Zahlen des Bundesministeriums für Bildung und Forschung kamen im Zeitraum zwischen 1991 und 2004 rund 220 000 Menschen jüdischer Herkunft als Kontingentflüchtlinge nach Deutschland. Mitglieder der jüdischen Gemeinde sind heute aber lediglich ca. 100 000. Dies liegt unter anderem daran, dass diejenigen zuwanderungsberechtigt waren, die selbst jüdisch sind oder von mindestens einem jüdischen Elternteil abstammen. Jüdische Nationalität ist in dieser Art ein ethnischer, kein religiöser Begriff und wird über einen Elternteil, überwiegend über den Vater, übertragen, im Gegensatz zur jüdischen Tradition, der Halacha, wonach die Zugehörigkeit zum Judentum primär über die Mutter vererbt wird. So wurden viele Vaterjuden nicht in den Gemeinden aufgenommen. Laut den Gemeinden waren sie Russen. Ähnlich erging es allerdings aber auch jenen, die Zugang zur Gemeinde fanden. Aufgrund der fehlenden Kenntnisse um jüdische Religion, Kultur und Sprache wurden auch diese von den eingesessenen Juden der Gemeinden als Russen bezeichnet. In Russland waren sie damit Juden, in Deutschland Russen. Dieses scheinbar nicht enden wollende Wechselspiel erweckte bei vielen ein Gefühl von ortsunabhängiger Ungewolltheit.

Über den Wandel der jüdischen Gemeinden in Deutschland seit der Migrationswelle in den 1990ern ist so einiges gesagt und geschrieben worden. Zu beobachten ist dabei, dass sich anscheinend zwei Lager herausgebildet haben. Die einen bewerten die letzten 25 Jahre als durchaus positiv. Dank der Einwanderung konnten viele stark überalterte Gemeinden in Ost- und Westdeutschland mit neuen Mitgliedern gestärkt werden. Heutzutage zählt man nicht nur über hundert jüdische Gemeinden in ganz Deutschland, auch ihr religiöses Selbstverständnis hat sich geweitet. Man kann wieder von einem pluralen Judentum sprechen, das neben gemäßigt orthodox Glaubenden auch Liberalen und Ultraorthodoxen seine Türen öffnet. Ebenfalls eine positive und erwähnenswerte Entwicklung ist, dass in Deutschland wieder Rabbiner und Rabbinerinnen ausgebildet werden. Ein breites Angebot an Bildung, welches Judentum sowohl religiös als auch kulturell versteht, wird immer stärker. Von Kindergärten über jüdische Gymnasien, Studierendenorganisationen, Stipendienwerke, Studiengängen bis hin zu jüdischer Erwachsenenbildung wird das Gebotene dem Prinzip des Lernens von der Wiege bis zur Bahre gerecht. Das derzeitige jüdische Leben zeigt sich jedoch nicht nur in unterschiedlichen religiösen Gewändern, sondern auch durch eine kulturelle Vielfalt, welche sich vor allem in Berlin klar beobachten lässt. Hier treffen amerikanische Juden auf Alteingesessene, russischsprachige Juden auf eine

Greta Zelener

wachsende Zahl eingewanderter Israelis. Judentum kann so individuell interpretiert und ausgeübt werden und ist anschlussfähig für alle Formen und Auslegungen.

Skeptische Stimmen zweifeln daran, ob es durch die Migration hunderttausender russischsprachiger Juden auch wirklich zu einer Erneuerung jüdischen Lebens in Deutschland gekommen ist, handelt es sich bei den Migrierten doch um eine mehrheitlich säkularisierte Gruppe an Menschen, die in eher geringem Maße darum bemüht ist, Judentum mit all seinen Traditionen und Bräuchen zu leben. Nimmt man die reine Mitgliederzahl zum Maß jüdischen Lebens, so wird der Negativtrend spürbar. Überalterung und rückläufige Mitgliederzahlen, besonders in der Gruppe junger Erwachsener, gehören zur Realität. Von den rund 200 000 in Deutschland lebenden Juden gehört nur die Hälfte einer Gemeinde an. Den beiden Perspektiven liegen unterschiedliche Vorstellungen zugrunde, welche Form Judentum in Deutschland heute annehmen soll. Während für die einen die genannte Pluralisierung bereits eine Erfolgsgeschichte darstellt, sorgen sich die anderen um diese Vielfalt, wenn diese nicht stark genug an religiöse Lebensformen und Praxen gebunden wird.

Diese Sorgen sind nicht neu, vielmehr sind sie seit der russisch-jüdischen Zuwanderung nie verstummt. Mein erstes Treffen auf Juden in Deutschland trug diese Art der Färbung. Eingeschult wurde ich mit sechs Jahren in die Heinz-Galinski-Grundschule. Neben der deutschen Sprache durfte ich mich gleich bekannt machen mit Hebräisch, jüdischer Religion und dem Alten Testament. Ich empfand es als großes Geschenk. Verpackt in Spiele und Lieder brachte ich das Judentum zurück in mein unwissendes Zuhause. Doch ich brachte auch mein Zuhause in die jüdische Schule. Die 27 Schleifen und Bommeln in meinen Haaren, etwas anders aussehende Butterbrote und das fehlende Können der Sprache zeichneten ein Bild von einem Mädchen, das ja gar nicht jüdisch sein konnte. Und so war es kein Wunder, dass ich spätestens nach der offen gestellten Frage, ob ich denn auch wirklich Jüdin und nicht Russin sei, ein Gefühl der Ablehnung empfand.

Ablehnung in Form von Antisemitismus ist mir persönlich nicht begegnet. Dennoch empfand auch ich es 2017 als beunruhigend, als mitten in der Hauptstadt Deutschlands blindwütige Demonstranten die Israelfahne anzündeten und »Tod den Juden« riefen. Das war purer Hass auf den israelischen Staat, klarer Antisemitismus. Die Jerusalem-Entscheidung Trumps war der Anlass, doch die Wurzeln des Problems liegen tiefer. Allein schärfere Gesetze würden an dieser Stelle nicht reichen. Gerade der jüngeren Generation, egal welchen Glaubens oder welcher Staatsbürgerschaft, muss Wissen um Judentum und den Holocaust wieder stärker vermittelt werden. Denn es ist eben nicht nur der muslimische Antisemitismus, es ist auch gesamtgesellschaftlicher Antisemitismus, der noch immer herrscht und immer wieder aufs Neue durch rechts- und linksradikale Kräfte befeuert wird.

Als Erwachsenenbildnerin liegt es nahe, dass ich den Schlüssel zur Bekämpfung von Antisemitismus im Bildungsbereich sehe. Im Wissen um den Anderen liegt die

Chance, Vorurteile und Ablehnung abzubauen. Nicht erst seit der Geflüchtetenwelle 2015 kann man davon sprechen, dass Deutschland sich zu einer modernen Einwanderungsgesellschaft entwickelt. Das Fehlen hegemonialer Verhältnisse in Bezug auf Religion, Kultur und Lebensweisen beinhaltet auch die Herausforderung der Toleranz und Akzeptanz von Abweichungen vom eigenen Ideal. Selbstverständlich ist es Aufgabe des Staates, gesetzliche Rahmenbedingungen zu schaffen, in denen Antisemitismus und grundsätzlich Diskriminierung verhindert wird, und diese stetig weiterzuentwickeln. Selbstverständlich ist es auch Aufgabe der Gesamtgesellschaft, sich immer wieder mit diesen Problemen auseinanderzusetzen und nach neuen Maßnahmen und Wegen zu suchen. Es ist aber auch unsere Aufgabe, die Aufgabe der Juden, die Hand auszustrecken.

Im Rahmen meiner Forschungsarbeit »Jüdische Erwachsenenbildung heute. Eine Analyse ausgewählter Institutionen und ihrer Programme in Berlin« (2018) zu Angeboten jüdischer Erwachsenenbildung in Berlin musste ich erschreckenderweise feststellen, dass von 78 Bildungsveranstaltungen in einem Zeitraum von sechs Monaten nur acht Veranstaltungen in Kooperation mit einem nichtjüdischen Partner stattfanden. Alle untersuchten Einrichtungen hatten von sich selbst eine klare Selbstdefinition als Institution jüdischer Bildung. Einrichtungen dieser Art haben in meinen Augen großes Potenzial, gesellschaftsformend zu wirken. Wünschenswert dafür ist eine ausgebaute Vernetzung untereinander, häufigere externe Kooperationen im Sinne eines interreligiösen Dialogs sowie die Mitsprache jüdischer Institutionen und Menschen an nichtjüdischen Themen der Zeit.

Ich möchte konkrete Beispiele nennen. Das Ernst Ludwig Ehrlich Studienwerk (ELES) geht hierbei mit positivem Beispiel voran. Das 2015 ins Leben gerufene Programm »Dialogperspektiven« bietet Studierenden und Promovierenden aller Religionen und Weltanschauungen die Möglichkeit, mit angesehenen Wissenschaftlern, Experten sowie miteinander ins Gespräch über die Rolle von Religion heutzutage zu kommen. ELES leistet damit Pionierarbeit bezüglich der Kooperation mit allen dreizehn vom Bundesministerium für Bildung und Forschung geförderten Begabtenförderungswerken.

Geplant ist auch der Ausbau der Bildungsabteilung des Zentralrats der Juden in Deutschland. Ganz im Geiste des Freien Jüdischen Lehrhauses von 1920 soll in den kommenden Jahren eine Jüdische Akademie in Frankfurt am Main entstehen. Ich bin sicher, auch eine solche trägt zu einem selbstbewussten, gebildeten Judentum bei und öffnet Türen für Austausch über Frankfurt und Hessen hinaus.

Mein Herzenswunsch wäre die Schaffung einer Arbeitsgemeinschaft jüdischer Erwachsenenbildung nach dem Vorbild der bereits bestehenden Katholischen Bundesarbeitsgemeinschaft für Erwachsenenbildung (KBE) und der Deutschen Evangelischen Arbeitsgemeinschaft für Erwachsenenbildung (DEAE). Praktisch durchgeführt wird die jeweilige konfessionelle Erwachsenenbildung durch lokale Träger, die Arbeitsgemeinschaften bilden einen Zusammenschluss auf nationaler Ebene. Auch

Greta Zelener

für das Judentum wäre dies denkbar und durchaus erstrebenswert. Eine Zusammenarbeit solcher Art wäre ein
weiterer Meilenstein in den Beziehungen christlich-jüdischen Dialogs und womöglich auch ein weiterer Schritt
in den Bemühungen um Gemeinschaftsarbeit aller drei
Weltreligionen.

Jüdisches Leben in Deutschland ist auch heute keines
ohne Konflikte. Diese findet man innerhalb unserer eigenen Reihen, innerhalb der deutschen Gesellschaft und
darüber hinaus. Ich setze dabei darauf, miteinander zu
sprechen und miteinander zu lernen. Die meisten Einrichtungen jüdischer Bildung heute sind in den letzten
dreißig Jahren entstanden. Eine steigende Tendenz, eine
positive Zukunftsprognose lässt sich erahnen. Dies macht
mir Mut, dass wir auf einem guten Weg sind für ein Mit-
und nicht Gegeneinander.

Zwischen Berghain und Club Odessa –
Aktuelle Generationsfragen
einer Gemeinschaft

Patchwork-Judentum

Igor Mitchnik

Ich war ungefähr vier Jahre alt, als ich mit einem Mal begriff, dass wir jüdisch sind. Es war eigentlich nicht sonderlich schwer zu begreifen, denn es war das Einzige, was identitätspolitisch in meiner Familie zählte. Von Vergangenem wollte man sich nach der Immigration aus der Ukraine und Russland Anfang der 1990er-Jahre verabschieden und im Neuen fühlte man sich verloren. Mit einer irgendwie positiv besetzten Identität hatte dieses Judentum dennoch wenig zu tun: Ich wusste im Kleinkindalter bereits, dass unsere neue »Heimat« – ein mulmiges Gefühl überkommt mich im Jahre 2018 nach wie vor bei diesem Begriff – Deutschland im Zweiten Weltkrieg alle Jüdinnen und Juden ausnahmslos vernichten wollte.

Ich wusste im Kindesalter genauso – so paradox es scheinen mag –, dass wir nun irgendwie hier gelandet waren, um es besser zu haben als in der ehemaligen Sowjetunion. Erstes Anzeichen der vermeintlichen »Besserung« war: Man verbot mir, zu Hause über unser Jüdischsein zu sprechen. »Um Antisemitismus nicht zu provozieren«, wie man mir sagte. Schließlich sei man ja ins Land der Täter immigriert. Nicht schlecht staunte da die Cousine meines Großvaters, als ich im Alter von sieben Jahren mit meiner Mutter erstmalig am Tel Aviver Flughafen Ben Gurion vor ihr stand und meine Mutter fragte: »Darf ich wenigstens hier öffentlich darüber reden, dass wir Juden sind?« Nein, gestaunt hat die gute alte Frau aus Kfar

Saba eigentlich nicht. Sie hat getobt vor Wut. Was in der Wahrnehmung meiner Familie in Deutschland nun »besser« sein sollte als in der Sowjetunion, obwohl viele ihrer Verhaltensmuster nach wie vor die gleichen blieben, bleibt wohl ihre Interpretationssache.

Viele Jahre später sollte ich mit einem Mal verstehen, dass ich Deutscher geworden bin. Ich lernte es nicht, während ich das deutsche Bildungssystem mit mal mehr und mal weniger Erfolg durchlief, sondern während meiner Studien- und Arbeitsaufenthalte im Ausland. Ich verstand, dass ich auf Deutsch meine Gedanken strukturiere, mich nach deutschen politischen Wertvorstellungen verorte und mir die deutsche Sprache so schmerzlich fehlen kann wie ein enger Freund. Ja, Deutsch wurde zu einem Freund, mit dessen Hilfe ich mich am natürlichsten selbst wahrnehmen und verstehen kann. In diesem Text diskutiere ich, vor welchen Herausforderungen diese ungleiche und von Turbulenzen begleitete Freundschaft im Jahr 2018 für mich zu stehen scheint.

Als Heranwachsender wie auch als Student lernte ich mein Deutschsein und das meiner Umgebung in all ihren Facetten kennen. Trotz der engen Bindung, die wir zueinander entwickelten, wusste ich, dass mir etwas in dieser vermeintlichen Symbiose fehlt, aber ich konnte diese Lücke nicht verorten. Ich geriet immer häufiger ins Straucheln, wenn sich dieser Freund über mich äußerte oder auf mich bezog – völlig egal ob dies positiv oder negativ geschah. Ich verstand ihn mit seinen Komplexen und Besonderheiten irgendwann ziemlich gut und hatte für ihn bei mir zu Hause immer einen Schlafplatz frei.

Diese Liebe fühlte sich häufig ziemlich einseitig an: Der Freund ließ mich permanent regelrecht im Regen stehen.

Meine Patchwork-Identität vervollständigte sich vorerst, als ich mit Mitte zwanzig für einen Job in die Ukraine kam. Ich studierte dort die Hintergründe des seit 2014 tobenden Kriegs im Land, aber auch die zahlreichen menschlichen und politischen Tragödien, die sich dort in den 1990er-Jahren entfaltet haben. Ich lernte in dieser Zeit den Migrationsprozess meiner Familie im Kontext der Transformationsphase dieses Landes neu zu verstehen. Ich lernte viel über mein zuweilen weniger, zuweilen stärker abstraktes Gefühl von Verbundenheit mit Menschen in diesem vielseitigen Land. Ich lernte viel über Jüdischsein in der Ukraine und warum es nach wie vor dort ein schmerzhaftes Thema bleibt. Und dass ich weniger über meine Familiengeschichte weiß als vermutet, lehrte mich vor kurzem ein Gespräch mit meinem Großvater.

Der 71 Jahre alte Mann, wortkarg und arbeitssüchtig, spazierte mit mir durch Berlin im Frühjahr 2018, als er völlig unvermittelt in einem Nebensatz erwähnte, wer, wie und wann in unserer Familie in der Ukraine während der Schoah ermordet wurde. Die mich zeitlebens begleitende unausgesprochene Angst vor dem Jüdischsein bekam ein Gesicht – oder genauer: viele Gesichter und verworrene Familienstränge, die über meinen Großvater natürlicherweise wieder zu mir führten. Die unvermittelte Kenntnis und auch die daraus erwachsene langjährige Unkenntnis überschüttete mich mit der Sprachlosigkeit, unter der dieses Geheimnis, sein Geheimnis, all die Jahre begraben schien.

»Warum hast du denn niemals etwas erzählt?«, fragte ich meinen Großvater.

»Du hast nie gefragt.«

»Ich bin der Einzige in dieser Familie, der immer wieder Fragen stellt.«

Wie Katja Petrowskaja in ihrem Buch *Vielleicht Esther* illustriert, kann einen die Sprachlosigkeit mit ihrer erdrückenden Mehrdeutigkeit auch verfolgen, bevor sich die Worte und Geschichten ihre für sie vorbestimmte Bahn brechen. Serhij Zhadan beweist im historisch-politischen Kontext des seit 2014 tobenden Kriegs in der Ostukraine in seinem Roman *Internat*, wie Sprachlosigkeit Familien von innen zerfressen kann – bis die Worte aus den tiefsitzenden Wunden und Traumata langsam und schmerzhaft herausplatzen und verlorene, in der Vergangenheit verhaftete Individuen mit einem Schlag in die Gegenwart katapultieren.

In Zhadans Buch wirkt der Krieg in der Ukraine neben seiner eigenen brutalen Dynamik auf die Zivilbevölkerung und Soldaten wie ein unberechenbarer Katalysator persönlicher Konflikte. Der Krieg verändere die Menschen, die ihn durchleben, genauso wie die Menschen, die über ihn schreiben, erklärte Zhadan bei einer Buchvorstellung in Berlin im Jahr 2018. So schien auch dieser Konflikt zu einem Katalysator bestimmter Entwicklungen in mir zu werden – auch wenn er glücklicherweise keinen wesentlichen Einfluss auf meine sozialen Beziehungen hatte. In anderen Fällen zerbrachen Familien und Ehen unter dem Konflikt, sei es sozial durch divergierende politische Ansichten oder physisch durch Tod,

Vertreibungen, Binnenflucht und durch kriegsbedingte posttraumatische Belastungsstörungen.

Für mich geriet die Welt und meine Verortung in ihr in eine unwiderrufliche Bewegung. Ich verstand, inwiefern meine multiple Identität – oder »Patchwork-Identität« – nicht weniger von der sich immer wieder in den Vordergrund drängenden Sprachlosigkeit bestimmt ist. Ich verstand, inwiefern hinter einem vielsagenden, auf den ersten Blick doch harmlosen Grinsen (Ledeneva, 2011) eines Menschen in postsowjetischen Kontexten in vielen Fällen ganze Geschichten verborgen sein können. In diesen Situationen, in denen Menschen einer bestimmten Gruppe die soziopolitischen Normen blind lesen können, erscheinen Gespräche wie Gruppentherapien einer natürlichen Schicksalsgemeinschaft.

Dieser Moment einer Schicksalsgemeinschaft, den Jüdinnen und Juden, Ukrainerinnen und Ukrainer zusammen erleben können, konstruiert sich allerdings weder ethnisch noch sprachlich, nicht mal abstrakt-kulturell und häufig nicht mal historisch. Denn Jüdinnen und Juden in und aus der Ukraine sind sich sehr häufig ziemlich bewusst, dass viele historisch-politische Narrative unvereinbar in der Ukraine nebeneinanderstehen und auch auf absehbare Zeit nebeneinander stehen bleiben werden (Kappeler, 2015). Es handelt sich um Narrative und Mythen, bei denen wenig Kompromissfähigkeit möglich bleibt und bei denen Sprachlosigkeit vielleicht sogar mehr eine friedvolle Übergangslösung denn ein Problem darstellt.

Das führt zu einer Distanzierung verschiedener Gruppen voneinander, die historisch, politisch und kulturell eng miteinander verbunden waren und durch grausame Phasen der Geschichte gemeinsam gegangen sind – wenn auch Individuen dieser Gruppen nicht immer auf der gleichen Seite standen. Aus diesem Grund verharren viele in der Überzeugung, die Schoah sei die Tragödie der einen Gruppe und der Holodomor – die künstliche von Stalin initiierte Hungersnot 1932 bis 1933 (Applebaum, 2017) – ausschließlich die der anderen. Genauso präsentiert sich der ukrainische Unabhängigkeitskampf von jüdischen Schicksalen entkoppelt. Der Grund hierfür ist, dass die komplizierte Realität – dass beispielsweise ukrainische Unabhängigkeitsbestrebungen, wie die während des russischen Bürgerkrieges ab 1917, in massenhaften antijüdischen Pogromen kulminierten (Plokhy, 2015, Applebaum, 2017) – so schmerzhaft erscheint.

Hat diese Diversität und Komplexität, die auch deutsch-jüdische Migrantinnen und Migranten, »neue Deutsche« (Alice Bota, Khuê Pham und Özlem Topçu, 2012) mit familiären Wurzeln im postsowjetischen Raum beschäftigt, Platz in deutschen Debatten um neue/alte/völlig überholte Konzepte von Identität? Während die Ukraine im Umbruch steckt, befindet sich Deutschland – wie viele Reaktionen auf die Bundestagswahlen im Jahr 2017 zeigen – in einem gähnenden Stillstand.

Deniz Utlu, Kolumnist des *Berliner Tagesspiegel*, beschreibt diesen gähnenden und seit den 1990er-Jahren anhaltenden Stillstand als »zweite Phase des Wiederaufbaus, die sich nicht mehr auf Häuser und Straßen konzentriert, sondern auf Identität« (Utlu, 2018). Er beschreibt eindrücklich, wie sich die Mehrheitsgesellschaft ohne familiäre Migrationsgeschichten nun in einem Prozess der Abgrenzung zu Menschen mit diesen alternativen Geschichten neu zu erfinden sucht.

In diesem endlosen und, ehrlich gesagt, durch seine mangelnde Dynamik auch unglaublich langweiligen Prozess der deutschen Selbstfindung und Suche nach einer wie auch immer gearteten Leitkultur, sind Menschen mit alternativen Geschichten nur Zaungäste in einem Theaterstück voll deutscher Befindlichkeiten. Denn diese Debatten »haben in Wirklichkeit meistens nichts oder nur wenig mit den Migranten und deren Nachfahren zu tun«, schreibt Utlu. Sie sind kaum mehr als eine »Projektionsfläche auf der Suche nach eigener Identität«. Ob diese Begriffe nun »Leitkultur« oder »deutsche Identität« lauten, ist da egal: Einig scheint man sich, dass die vermeintlich »Fremden« sich anzupassen hätten.

Während ich mich nun mit meiner »Patchwork-Identität« ziemlich wohl fühle und kein Problem damit hätte, diese als eine von vielen deutschen Realitäten zu beschreiben, fällt meinem besagten Freund namens Deutschsein nicht ein, die kulturelle, ethnische und religiöse Pluralität in diesem Land als natürlich gewachsene Realität anzuerkennen. Er weigert sich nach wie vor, mich und viele andere Menschen mit ähnlichen oder völlig anderen Patchwork-Identitäten als natürlichen Teil dieses Pluralismus – der, wie Utlu beschreibt, auch immer Realität in diesem Land war – zu begreifen.

Stattdessen kam Dobrindt. Im Januar 2018 schrieb der Vorsitzende der CSU-Landesgruppe im Deutschen

Bundestag einen viel beachteten Meinungsbeitrag zur »Verteidigung unserer christlich-abendländischen Leitkultur«. Durch die Aneinanderreihung plakativer Schlagwörter diente sein Einwurf der Minimierung von Komplexitäten in einer stets komplexer erscheinenden Welt. »Wer in Deutschland sein will, muss mit uns leben – nicht neben uns oder gegen uns«, beschwört Dobrindt in diesem Text. Ich komme nicht daran vorbei anzunehmen, dass in diesem Beitrag nicht nur nach Deutschland seit 2015 vermehrt fliehende *Newcomer* gemeint sein sollen. Sondern auch diejenigen in Deutschland, deren komplexe Identitätsbezugspunkte nicht nur ausschließlich in Deutschland, sondern auch weit weg von Dobrindts »Heimat und Vaterlands«-Geschwurbel liegen.

Zwar behauptet Dobrindt, dass »der Einzelne und seine Würde ins Zentrum allen politischen Handelns« gehöre und immer vor dem Kollektiv stehe – in der Praxis gilt das aber nur für diejenigen, die mit ihrer Geschichte für das von Dobrindt anvisierte Kollektiv vermittelbar sind. Individuelle Geschichten, Narrative, Patchwork-Identitäten haben in diesem selbstreferenziellen Diskurs über das eigene und das vermeintlich Fremde keinen Platz. Mit seiner Forderung nach einer neu-alt-deutschen Heimeligkeit und mehr Wohlfühlpatriotismus argumentiere er aus der Rolle einer Volkspartei, die die Bedürfnisse der gesellschaftlichen Mitte – und nicht nur Bayerns – widerspiegele.

Ein alternativer Diskurs könnte mit einer Öffnung der deutschen Identität für den ohnehin bestehenden gesellschaftlichen Pluralismus dazu beitragen, gemeinsam die bedrückende Sprachlosigkeit in der interkulturellen Kommunikation in diesem Land zu überwinden. Die Sprachlosigkeit, die darin mündet, dass eine deutsche Mehrheitsgesellschaft sich qua Natur herausnimmt, immer zunächst mit Forderungen an *Newcomer* heranzutreten – seien es Geflüchtete in Zeiten der Migrationsmanagement-Krise seit dem Jahr 2015 oder schon zur Zeit der Migration meiner Familie. Es gilt die Maxime: Assimiliert wird zuerst, gefragt wird später.

Diese Assimilation sehe ich allein schon aus meiner Erfahrung – und entgegen den Ansichten vieler Migrationsforscher in Deutschland (Esser, 2001) – als wenig gewinnbringend an. Ich möchte nicht zugunsten eines übergeordneten »Wohlfühlpatriotismus« so tun müssen, als bestünde keine Differenz zwischen eher klassisch-deutschen Familiengeschichten, die in mindestens vierter Generation in Deutschland verwurzelt leben, und meinen, mich im Alltag begleitenden, multiplen Lebenswelten – die sich permanent zwischen postsowjetisch, jüdisch und deutscher Identität bewegen.

Ich war nicht erst 24 Jahre alt, als ich mit einem Mal begriff, dass Jüdischsein in diesem Land Zeit meines Lebens ein schmerzhaftes Thema bleiben wird. Ungefähr dann begriff ich auch, dass die Verzweigung meiner multiplen Bezugspunkte in diesem Land stets ein Problem darstellen wird. Verspricht die von Dobrindt geforderte »konservative Revolution der Bürger« irgendwann einen Platz für diese Vielfalt? Es klingt derzeit kaum danach. Und der Freund lässt mich weiterhin im Regen stehen.

Igor Mitchnik

Alexander Dobrindt, »Wir brauchen eine bürgerlich-konservative Wende«, in: Die Welt, 4. 1. 2018, https://www.welt.de/debatte/kommentare/plus172133774/Warum-wir-nach-den-68ern-eine-buergerlich-konservative-Wende-brauchen.html (letzter Zugriff 22. 3. 2018).

Deniz Utlu, Wie will Deutschland mit seiner Pluralität umgehen?, 28. 4. 2018, https://www.tagesspiegel.de/politik/anerkennung-oder-abgrenzung-wie-will-deutschland-mit-seiner-pluralitaet-umgehen/21224518.html (letzter Zugriff 20. 3. 2018).

Anne Applebaum, Red Famine. Stalin's War on Ukraine, New York City 2017.

Serhii Plokhy, The Gates of Europe. A History of Ukraine, New York City 2015.

Serhij Zhadan, Internat, Berlin 2018.

Katja Petrowskaja, Vielleicht Esther. Geschichten, Berlin 2015.

Alena Ledeneva, Open Secrets and Knowing Smiles, in: East European Politics and Societies, Volume 25, Nr. 4 (November 2011), S. 720–736.

Alice Bota / Khuê Pham / Özlem Topçu, Wir neuen Deutschen: Wer wir sind, was wir wollen, Reinbek 2012.

Hartmut Esser, Integration und ethnische Schichtung, Arbeitspapier – Mannheimer Zentrum für Europäische Sozialforschung, Nr. 40, 2001, http://www.mzes.uni-mannheim.de/publications/wp/wp-40.pdf.

Andreas Kappeler, Die Geschichte der Ukraine – Konkurrierende Narrative, SWR Tele-Akademie, 3. 3. 2015, https://www.youtube.com/watch?v=ECHzCvgHDTE.

Modern-Orthodox, Masorti,
Liberal, Reform, Säkular –
Aufbruch zu gelebtem Pluralismus?

Neue religiöse jüdische Vielfalt

Benjamin Fischer

»Das Judentum hat viele Gesichter« – Auf dem Titel des Buches von Gilbert S. Rosenthal und Walter Homolka wurden auch Stipendiatinnen und Stipendiaten des *Ernst Ludwig Ehrlich Studienwerks* abgebildet. Ich fragte mich damals, ob wir, die junge, die »dritte Generation«, repräsentativ für die vielen Gesichter des Judentums stehen können?

Auf Außenstehende wirkt das Judentum oft wie ein monolithisches Gebilde. Dies gilt häufig auch aus der Binnenperspektive: Bis zu meiner Zeit im *Ernst Ludwig Ehrlich Studienwerk* war mir der Begriff des Pluralismus in meinem jüdischen Alltag kaum begegnet.

»Zwei Juden – drei Meinungen«, heißt es sprichwörtlich. Wie sich Meinungsverschiedenheiten aber auf religiöse Vielfalt und auf das gelebte Judentum auswirken, verdient eine Analyse. Wie vielseitig ist das Judentum in Deutschland und was bedeutet gelebter Pluralismus eigentlich? Kann man heute sogar von einem deutsch-jüdischen Pluralismus sprechen?

Im Folgenden soll der Versuch unternommen werden, die Vielfalt des gelebten Judentums in Deutschland darzustellen. Hierbei sollen sozialpolitische sowie historische Entwicklungen des deutschen Judentums nachgezeichnet und schließlich jene Eindrücke mit persönlichen Anekdoten und Eindrücken untermauert werden. Anschließend wird sowohl der europäische als auch der internationale Vergleich gesucht. Zuletzt wird ein Ausblick auf den religiösen Pluralismus in Deutschland gegeben werden.

Die Idee des religiösen Pluralismus ist inhärenter Teil des Judentums. Anders als etwa der Katholizismus kennt das Judentum kein zentrales Führungsorgan. Durch das Konzept des »Machlokets« (religiösem Dissens) ist der Pluralismus inhärent. Die Geschichte der beiden Rabbiner Hillel und Shammai – beides Patrone großer antiker Denkschulen – ist das wohl bekannteste jüdische Beispiel für die Anerkennung des Mehrwerts eines Dissenses. Beide Rabbiner konnten stichhaltige Begründungen für ihre Auslegung darlegen, richtig lag aber nur derjenige, der verordnete, dass beide Auslegungen studiert werden müssen.

»Pluralismus bedeutet anzuerkennen, dass sowohl ich als auch du recht haben, dass weder du noch ich die Wahrheit besitzen, weiter noch, dass es nicht nur eine Wahrheit gibt.« So beschreibt es Jonah Layman, konservativer Rabbiner aus Maryland, USA, und Senior Fellow am Shalom Hartman Institute of North America (SHINA).[1] Das SHINA wurde als Thinktank gegründet, der sich zum Ziel gesetzt hat, die Gräben zwischen den Denominationen des Judentums zu schließen und sich mit gelebtem Pluralismus zu beschäftigen. Rabbiner können hierzu mittlerweile denominationsübergreifend ausgebildet werden. Der Direktor des Hartman Institutes, Yehuda Kurtzer, hat jüngst in einem Interview der Intensivierung des intrareligiösen Dialogs allerhöchste Bedeutung für die Zukunft des Judentums attestiert: »Wenn wir die am schwersten zu beantwortenden Fragen von Jüdinnen und Juden nicht adressieren, dann erweisen wir dem jüdischen Volk einen schlechten Dienst. Es ist schwer, zusammen zu beten. Es ist schwer, politischen Aktivismus zusammen zu betreiben. Das Einzige, was wir wirklich zusammen unternehmen können, ist Lernen.«[2] Wir halten also fest, dass religiöser Pluralismus nicht nur ganze Institute beschäftigt, sondern dass das Thema von höchster Relevanz für das Judentum ist. Das Hartman Institute hat innerhalb von wenigen Jahren sowohl seine Büroflächen als auch die Anzahl der Angestellten verdoppeln müssen: Es gibt einen Bedarf, dieses Thema zu behandeln.

Richten wir den Blick auf Deutschland.

Als Austragungsort der jüdischen Aufklärung, der *Haskala*, ist Deutschland die Geburtsstätte des konservativen und Reformjudentums. Mit dem Zweiten Weltkrieg und der Schoah wurde die größtenteils assimilierte und aufgeklärte jüdische Gemeinde in Deutschland ihrer Substanz und ihrer Vielfalt beraubt. Das konservative und Reformjudentum beschränkte sich im Nachkriegsdeutschland beinahe ausschließlich auf Berlin, Frankfurt und München und arbeitet bis heute daran, Strukturen aufzubauen und eine Signifikanz zu gewinnen, wie sie orthodoxe Strömungen in der Bundesrepublik haben. Gleichzeitig wurde nach 1945 die in Deutschland verbleibende jüdische Gemeinde, bestehend aus *Displaced Persons*, Überlebenden und Geflüchteten aus Polen, international isoliert. Wer in Deutschland blieb, hatte nach Kriegsende offensichtlich die Entscheidung getroffen, im

Benjamin Fischer

»Land der Täter« jüdisches Leben zu revitalisieren, was für die internationale jüdische Gemeinschaft lange Zeit nicht tolerierbar war. Gleichzeitig lebte – und lebt zum Teil bis heute – die jüdische Gemeinschaft auf den ebenso sprichwörtlichen »gepackten Koffern«, bereit, Deutschland zu verlassen, sollte sich die politische Lage für Jüdinnen und Juden erneut als unlebbar herausstellen. Es bildete sich zwischen 1945 und 1990 eine Gemeinde, die sich fernab internationaler Einflüsse entwickelte – sowohl in West-, als auch unter maßgeblich anderen Bedingungen in Ostdeutschland. Und diese Gemeinde baute eigene Strukturen auf. Als eine der wichtigsten Strukturen muss die Zentralwohlfahrtsstelle der Juden in Deutschland benannt werden, eine weltweit einmalige, auf Deutschland beschränkte Institution und Jugendbewegung.

Die bereits vor dem Fall der Mauer beginnende verstärkte Einwanderung von Jüdinnen und Juden aus der ehemaligen Sowjetunion nahm mit dem Zuzug von 200 000 sogenannten Kontingentflüchtlingen neue Dimensionen an und verlieh der deutschen jüdischen Gemeinschaft auch international eine völlig neue Bedeutung.

So war die jüdische Gemeinschaft in Berlin für beinahe zwei Jahrzehnte die am schnellsten wachsende Community weltweit und entsprechend wird sie bis heute international stetig weiter eingebunden. Das jüdische Leben in Deutschland gewinnt so an Vielfalt. Dies spiegelt sich auch in ihren Institutionen: 1997 wurde beispielsweise die Union progressiver Juden in Deutschland gegründet, eine religiöse Arbeitsgemeinschaft von gegenwärtig 26 jüdischen Gemeinden sowie weiteren Vereinigungen mit Sitz in Bielefeld. Diese Vielfalt bedeutete und bedeutet allerdings auch ungeahnte Herausforderungen. Die jüdischen Gemeinden waren nach dem Fall der Mauer und der Auflösung der Sowjetunion nicht für die große Zuwanderung von Jüdinnen und Juden in kürzester Zeit gerüstet – wie konnten sie es auch sein? Die Folgen waren für die Gemeinschaft ambivalent: Einerseits bedeutete der Zuwachs größere Vielfalt, größere Bedeutung – andererseits aber, dass eine Reihe von Identitätsfragen gestellt werden mussten, auf welche die Gemeinschaft keine Antworten kannte. Eine dieser Fragen war und ist die des religiösen Pluralismus.

Um sich dieser Frage nun zu nähern, ist es nebst dieser viel zu kurzen Abhandlung deutsch-jüdischer Geschichte des 20. und frühen 21. Jahrhunderts notwendig, einen Querschnitt der heutigen Gemeinden zu ziehen.

Jüdisches Leben in Deutschland ist nach meiner Erkenntnis mehrheitlich orthopraktisch. Es wird also im orthodoxen Ritus gebetet – eine orthodoxe Lebensführung hat dies nicht immer zur Folge. Spricht man von »orthodoxem Judentum«, wird auch oft von »traditionellem« Judentum gesprochen. An Jom Kippur geht man also in eine orthodoxe Synagoge, es wird auch gefastet, aber das Fasten kann auch schon mal mit einem Döner gebrochen werden und am nächsten Schabbat wird der Morgeng'ttesdienst wie gewohnt nicht besucht. Darüber hinaus zeigen sich schon bei der Bezeichnung Konflikte: Auch das konservative und das Reformjudentum haben Traditionen. Viele Gemeinden in Deutschland stehen zwar als Einheitsgemeinde allen Denominationen offen,

Benjamin Fischer

de facto wurden zwischen 1945 und 1990 aber vor allem orthodoxe Synagogen gebaut, neu aufgebaut und betrieben. In einer orthodoxen Synagoge, so die gängige Argumentation, finden wirklich alle Denominationen Platz, da etwa ein egalitärer, konservativer G'ttesdienst nicht zugänglich für die nach Geschlechtern getrennt betende Orthodoxie ist. Für die weiteren, de facto in Deutschland lange Zeit »kleineren« Denominationen gab es nur wenige eigene Räume, geschweige denn Synagogen. Es war aus heutiger Sicht ein Kompromiss zur Erhaltung und Stärkung einer religiösen Praxis, aber einer, der Spannungen hervorgerufen hat. Dieser über Jahre hinweg gepflegte Kompromiss führte zur Etablierung des orthopraktischen Judentums in Deutschland.

Mit dem Zuzug der Kontingentflüchtige wurde dieser Kompromiss immer weniger notwendig, da auch mittelgroße Gemeinden jetzt reinen Gewissens ein zweites G'tteshaus errichten konnten. Dieses würde am Schabbat ebenfalls nur noch halb leer stehen. Mit der stetigen Reintegration in das internationale jüdische Leben bringen auch internationale Organisationen mit einem religiös-pluralistischen Selbstverständnis neue Impulse für das Gemeindeleben. Jugendorganisationen wie *Netzer* (Reform), *Hashomer Hatzair* (säkular-sozialistisch) oder *B'Nai Akiva* (Modern Orthodox) bieten eine neue Vielfalt in der jüdischen Erziehung. Das *American Joint Distribution Committee* (JDC) und die *Jewish Agency* investieren gezielt in jüdische Vielfalt, indem sie beispielsweise Mikroförderungen vergeben. So wachsen mit der »dritten Generation« Gemeindemitglieder der »Generation Y« heran.

Der zuvor erzielte Kompromiss des Orthopraktischen wird von der Suche nach Authentizität, nach Substanz und etwas Eigenem abgelöst. Die durch den Kompromiss erzielte Harmonie wird nun als eigentliches Problem verstanden, unter anderem auch deshalb, weil Gemeindehäuser trotzdem weiterhin leer stehen.

Das orthodoxe Judentum in all seinen Facetten, also z. B. dem modern-orthodoxen, dem ultraorthodoxen oder im engeren Rahmen dem chassidischen Judentum, erfährt viel Zulauf. Aber auch Reform- und konservatives Judentum erschließen neue Räume. Neue Gemeinden entstehen, Rabbinerseminare für alle drei großen Denominationen erfahren Zulauf. Diese Entwicklungen sind auch in dem Kontext zu verstehen, dass die aus der ehemaligen Sowjetunion eingewanderten Jüdinnen und Juden oft aufgrund von politischer Verfolgung keine oder nur geringfügige jüdische Erziehung genossen haben. Die in Deutschland geborenen Jüdinnen und Juden bringen daher oft jüdisches Leben und jüdische Identität aus den Kindergärten, Schulen und dem Religionsunterricht wieder mit ins eigene Haus. Hierbei wird über den Kompromiss hinaus nach eigener Auslegung, nach eigenen Standpunkten gesucht – von Eltern und Kindern.

Nur so lässt sich auch die Revitalisierung jungen jüdischen Gemeindelebens, das deutschlandweit von jungen Menschen selbst gestaltet wird, erklären. Die dritte Generation hat sich selbst empowert, sucht nach positiver jüdischer Identität und strotzt vor Selbstbewusstsein. Politisches Engagement, soziales Gemeindeleben, kulturelle und natürlich religiöse Events werden in allen Formen

Benjamin Fischer

und Farben angeboten. Zum einen auch, weil die »Generation Erasmus« ein solches Leben im Ausland kennenlernen durfte – hier besonders in den USA und in Großbritannien. Zum anderen aber auch, weil Formate wie das pluralistische Lernfestival Limmud, das ELES oder die European Union of Jewish Students und internationale Formate wie das Moishe House mit Kreativität und Inhalt neue Plattformen zur Selbstentfaltung bieten. All dies sind Entwicklungen hin zu einem Judentum, das ich als postdenominational bezeichnen würde. Es ist hierbei egal, wie gebetet wird, ob koscher gegessen wird und wie das Judentum in den eigenen vier Wänden gelebt wird, einzig entscheidend ist das Zusammentreffen als *Gemeinschaft* und die stetige Bereitschaft zur Inklusion aller.

Wie relevant diese Entwicklungen für den Pluralismus jüdischer Gemeinden sind, lässt sich an meinem eigenen Werdegang veranschaulichen:

1990 geboren, habe ich als Sohn einer tunesischen Israelin und eines deutschen Konvertiten, der bis zur Pension Berufssoldat war, das deutsche Judentum in seiner kritischen Umbruchphase miterlebt. Die Frage nach der eigenen jüdischen Identität verlief dabei bis zum Studium entlang der Grenzen des Judentums, aber auch der Frage des Deutschseins. Gleichzeitig bin ich in Hamburg, Köln und Berlin immer Mitglied in größeren jüdischen Gemeinden gewesen, habe aber z. B. erst in Berlin eine jüdische Schule besuchen oder koschere Infrastruktur nutzen können. Mit dem Barmitzwah-Unterricht wurde ich das erste Mal mit der Frage konfrontiert, was für ein Jude ich denn sei. Meine Mutter war sephardischen Ursprungs, unsere Gemeinde mehrheitlich aschkenasisch geprägt. So feierten wir zum Beispiel einen »Seder« – also ein Abendmahl zum jüdischen Neujahr, Rosch Haschanah. Erst Jahre später wurde mir bewusst, dass die Mehrheit meiner Freunde den Feiertag völlig anders verbringt. Der jährliche Familienbesuch, die mehrheitlich osteuropäisch geprägten deutschen Gemeinden und erste Reisen brachten schnell die Wahrnehmung kultureller Verschiedenheiten im Judentum mit sich. Doch in der Retrospektive muss ich gestehen, dass mir die Vielfalt an Denominationen des Judentums nie so richtig bewusst war. Unterschiede zwischen dem jemenitischen, irakischen oder äthiopischen Ritus hingegen erschienen plausibel. Vielfalt im Judentum – die ich durchaus anerkannte – spielte sich für mich innerhalb der Grenzen des orthodoxen Judentums und entlang seiner kulturellen Grenzen ab.

Mit der Aufnahme ins *Ernst Ludwig Ehrlich Studienwerk* wurde ich, trotz bis heute fortbestehenden jahrelangen Engagements in der jüdischen Jugendarbeit und in zahlreichen Gemeindeinstitutionen, das erste Mal Teil einer Organisation, die sich dem Pluralismus verschrieben hat. ELES wurde schnell zum Hort zahlreicher Graswurzelinitiativen und sollte so die offene Auseinandersetzung mit religiösem Pluralismus erst zulassen. Entsprechend vielfältig fiel also in meinen Augen die Stipendiat*innenschaft aus, welche die in der Pubertät von mir mühselig zusammengesetzten Bausteine der eigenen jüdischen Identität plötzlich wieder bröckeln ließ. Ein egalitärer G'ttesdienst, völlig andere Liturgien und Brauchtümer

Benjamin Fischer

wurden mir plötzlich offenbart. Nebst der orthodoxen rabbinischen Studienleitung gibt es ein nichtorthodoxes Pendant. Vor allem aber der internationale Austausch war hierbei von zentraler Bedeutung. Mit ELES reiste ich zum ersten Mal in die USA, durch ELES wurde ich mit meinem späteren Arbeitgeber der *European Union Of Jewish Students* in Kontakt gebracht. Ich lernte Initiativen kennen, die ich mir schon immer für Deutschland gewünscht hatte.

Zwei Ereignisse in meiner Zeit als Stipendiat bei ELES waren besonders einprägsam bei der Bildung meiner heute postdenominationalen Identität:

Über den 9. November fand ein Promovierendenkolleg in Neversdorf statt. Als damaliger Student in Hamburg wurde ich eine Woche vorher von der Geschäftsstelle darum gebeten, die rabbinische Leitung des Kollegs zu vertreten, da alle mit dem Studienwerk assoziierten Rabbiner*innen bei Veranstaltungen zum Gedenken an die Novemberpogrome 1938 eingespannt waren. Ich hatte das Vorbeten in Teilen vorher gelernt, jedoch nie wirklich angewendet. Nun übte ich fleißig und trat in den Raum, um das Gebet einzuleiten. Nur welches Gebet? Wie würden etwa Frauen und Männer sitzen? Ich wurde vor die Herausforderung gestellt, sowohl meiner eigenen Tradition als auch den Mitbetenden gerecht zu werden und so in einer Diskussion mit den Anwesenden den eigenen Kompromiss zu formulieren. Ganz unabhängig davon, wie ich privat mein Judentum ausleben würde, erkannte ich den Mehrwert eines offenen Formats, viel wichtiger aber, wie man dorthin gelangt.

Im Frühsommer 2015 trafen wir uns dann im 11. Bezirk in Wien, um in einer einmaligen Szenerie den Begriff Pluralismus für uns neu zu entdecken.

Der Stipendiatische Rat, das Vertretungsorgan der Stipendiat*innen, hatte sich zur halbjährlichen Sitzung eingefunden. Die *Jewish Agency* hatte durch eine neu geschaffene Plattform, *Nevatim*, Organisationen angeboten, ihr eigenes Programm im geschaffenen Rahmen auszugestalten. Deshalb auch die Vielfalt im Raum: ein Familienseminar für ultraorthodoxe Rabbinerpärchen, politische Gruppen, Taglit-Birthright-Gruppen und viele mehr. Bei einer Gesprächsrunde im Garten des Plattenbaus stieß der damals frisch ordinierte Rabbiner, Alexander Grodensky – heute Gemeinderabbiner in Luxemburg – eine Diskussion über gelebten Pluralismus an. Unser Seminar fand über einen Schabbat statt, weshalb sich die verschiedensten Gruppen im Raum letztlich immer für religiöse Geschehnisse zusammenfanden. Dabei war für den Großteil der im Raum Vertretenen völlig selbstverständlich, dass die Hut tragenden, bärtigen Rabbiner des Familienseminars die religiöse Leitung übernehmen würden. Andere, die jedoch nicht weniger aktiv im jüdischen Gemeindeleben waren, blieben so unbeteiligt. Die Rabbiner im Raum hatten das Kommando übernommen, ohne dass dies jemals vom Veranstalter vorgegeben worden war. Nur hatten eben nicht alle Rabbiner im Raum das Kommando übernommen, sondern nur solche, die dem durch Popkultur vordefinierten Idealtyp des Rabbiners entsprachen. Wir fragten uns nicht, wer das Zepter in die Hand nahm. Pluralismus geht also mit dem konsequenten Aus-

Benjamin Fischer

handeln der Gegebenheiten einher, für jede Gruppe und jedes Seminar aufs Neue.

Der Blick in die USA und nach Großbrittanien, wo jüdische Co-Working Spaces, Institute wie das SHINA, postdenominationale Schabbattreffen oder Interessengruppen für die jüdische LGBTQI-Community exemplarisch für die Vielfalt, Kreativität und Stärke der Community stehen, verdeutlicht, dass in Sachen gelebtem Pluralismus in Deutschland noch einiges geschehen muss. Immerhin bestehen jetzt direkte Kontakte zu solchen Institutionen im Ausland. Die breite Mehrheit des deutschen Judentums wird den Begriff »postdenominational« dennoch nie gehört haben.

Das *American Joint Distribution Committee* (JDC) führt ca. alle drei Jahre eine Befragung von »Jewish Leaders and Opinion Makers«, also jüdischen Führungspersönlichkeiten und Meinungsmachern, durch. Im Jahr 2015 zeigte die Studie auf, dass die fünf höchsten Prioritäten für die Zukunft europäischer Jüdinnen und Juden das Einbinden junger Führungskräfte in Entscheidungsprozesse (Platz 1), die Unterstützung hilfsbedürftiger Jüdinnen und Juden in der eigenen Gemeinde (Platz 2), die Investition in Leadership-Trainings (Platz 3), die (Weiter-)Entwicklung kreativer Kontakt- und Öffentlichkeitsarbeit gegenüber Menschen, die nicht gemeindeangehörig sind (Platz 4) und erst an fünfter Stelle der Kampf gegen den Antisemitismus sind.

Jüdische Gemeinden sind also in erster Linie um die Weitergabe von Wissen und Verantwortung und ihre eigene Relevanz besorgt. Auch die Stärkung des intrareligiösen Dialogs kommt in dieser Auflistung vor, nimmt allerdings nur Platz neun von insgesamt 16 möglichen Antworten ein. Bei der Gewichtung des Punktes »Ermutigen zu internem Pluralismus« wurde eine signifikante Kluft zwischen den orthodoxen Befragten und denjenigen, die sich als traditionell, konservativ oder reformjüdisch identifizieren, festgestellt. Letztere legten besonderen Wert auf innerjüdischen Pluralismus.

Die Führungsriege jüdischer Gemeinden in Deutschland muss erkennen, dass sich die Relevanz ihrer eigenen Institution, die Weitergabe des Judentums an die nächste Generation und damit die Zukunft der eigenen Gemeinde vor allem anhand von Fragen des religiösen Pluralismus entscheiden wird. Insofern könnte man damit verbleiben, dass gerade ein*e ELES-Stipendiat*in auf dem Umschlag des eingangs genannten Werks die Vielfalt jüdischen Lebens in Deutschland wie kein*e anderer*e widerspiegeln kann: Das Judentum hat viele Gesichter. Die junge, die »dritte Generation« ist bereits dabei, diese Fragen auszuhandeln. Und das mag auch eine schöne Pointe sein: über die Grenzen der Denominationen hinweg.

Deutschland ist, um den Buchtitel zum Schluss hin aufzugreifen, wahrscheinlich das spannendste Projekt für die jüdische Gemeinschaft Europas. Wenig andere Länder auf der Welt bieten der jüdischen Community ein solches Potenzial zur Gestaltung. Auch deshalb steht für mich fest, dass ich Deutschland sicher nicht so einfach den Rücken kehren würde.

Benjamin Fischer

1 Vgl. »Is Pluralism a Jewish Word«, https://hartman.org.il/Blogs_View.asp?Article_Id=376&Cat_Id=275&Cat_Type= (Letzter Zugriff: 30.5.2018)

2 »Can Yehuda Kurtzer's Doctrine Of Pluralism Heal The Divides In The Jewish Community?« http://jewishweek.timesofisrael.com/can-yehuda-kurtzers-doctrine-of-pluralism-heal-the-divides-in-the-jewish-community/ Letzter Zugriff: 30.5.2018.

Combined into one frame – Ein Studienwerk als Bild einer Gemeinschaft

Prof. Dr. Frederek Musall

> *[...] combined into one frame*
> Army of the Pharaohs, *Seven*

I.

Es mag eigenwillig und irritierend erscheinen, diesen Beitrag mit einem Halbvers aus einem Hip-Hop-Song einzuleiten. Hip-Hop trifft sicherlich nicht den musikalischen Geschmack vieler der hier Lesenden; dazu handelt es sich streng genommen um Hardcore-Underground-Hip-Hop, der sich zwar als bewusster Gegenentwurf zum durchkommerzialisierten Mainstream-Hip-Hop versteht, soziale und politische Themen aufgreift, aber dennoch nicht ohne die genretypischen Tropen und Phrasen auszukommen scheint. Hardcore-Underground-Hip-Hop also, und dann heißt die Band auch noch »Army of the Pharaohs« – mit Pharaonen haben wir Jüd*innen ja bekanntlich geschichtsbedingt so unsere Schwierigkeiten ...

Ich habe diesen aus seinem textlichen und musikalischen Kontext gerissenen Halbvers jedoch aus einem ganz bestimmten Grund an den Anfang meiner Überlegungen gestellt; denn kaum ein anderes Denkbild hat mich in letzter Zeit so zum Nach- und Weiterdenken angeregt wie dieses »combined into one frame«: kombiniert / zusammengeworfen / verbunden / gebündelt in einem Rahmen«.

II.

Ein Rahmen ist etwas, das ein Bild einfasst, stabilisiert, ihm Konturen verleiht. Er vermag idealerweise das Bild zu definieren und zu akzentuieren, es zur Geltung zu bringen. Aber nicht immer passen Rahmen und Bild zusammen: Mal ist das Bild größer als der Rahmen oder aber zu klein; ein anderes Mal erfüllt der Rahmen seine stabilisierende Funktion nicht oder Rahmen und Bild sind einander eher fremd. Zudem scheint es auch in der Natur des Rahmens zu liegen, dass Bilder aus ihm fallen können ...

Ich sehe in dem Verhältnis von Rahmen und Bild eine gewisse Analogie zu einem Studienwerk, denn auch dieses fungiert zunächst wie ein Rahmen: als eine Struktur, die aufgrund ihrer materiellen und ideellen Fördermöglichkeiten und Ressourcen etwas zur Entfaltung und Geltung bringen kann. Es eröffnet und setzt einen Rahmen, in dem einerseits Raum gegeben wird, um individuell Persönlichkeiten und Potenziale zu fördern und zu entwickeln; andererseits werden aber auch Räume geschaffen, die unterschiedliche Persönlichkeiten und Potenziale, Perspektiven und Positionen zusammenführen und Möglichkeiten des gemeinsamen Austauschs anbieten. Diese unterschiedlichen Momente fügen sich schließlich zu einem komplexen Bild zusammen.

Allerdings kann ein Studienwerk nicht an der bloßen Zusammenstellung und Abbildung seiner eigenen Vielschichtigkeit interessiert sein. Damit dieses Bild nicht nach und nach verblasst, damit seine Farben lebendig bleiben, erfordert dies von den beteiligten Akteur*innen, dass sie sich aktiv und gestaltend in diesen Rahmen einbringen: die Stipendiat*innen und Alumni*ae ebenso wie die Leitung und Mitarbeiter*innen, die Beiratsmitglieder, Vertrauensdozent*innen, die Workshopleiter*innen – sie alle sind Teil dieses lebendigen Bildes.

Ein solch lebendiges Aufeinandertreffen unterschiedlicher Potenziale, Persönlichkeiten, Perspektiven und Positionen bedeutet aber auch, dass das gerahmte Bild als Aushandlungsraum nie frei von Spannungen und Konflikten ist; vielmehr muss es Multiperspektivität im Hinblick auf sich zulassen, gleich den Werken Paul Cézannes, dessen Bilder alle gängige Perspektivik aufbricht. Zugleich erfordert es aber von den beteiligten Akteur*innen auch ein Aushalten dessen, dass der gesetzte Rahmen nicht alles ein- und umfassen kann; das heißt, dass manche Dinge und Momente durchaus aus dem Rahmen fallen können. Es geht hier immer wieder um ein sensibles Aushalten, Einhalten und Aushandeln von Grenzen, um ein Bewusstmachen, dass weder der Rahmen noch das darin eingefasste Bild etwas Statisches sind, sondern etwas Dynamisches, im Prozess Befindliches. Diese Dynamiken und Prozesse aufzugreifen und sensibel damit zu verfahren, darin liegt für mich die eigentliche Herausforderung für ein Studienwerk: in dem wechselseitigen Austausch und Bedingen zwischen Rahmen und Bild.

III.

Ich sehe die wesentliche Aufgabe eines Studienwerkes in zwei Bereichen: einerseits, wie bereits angesprochenen, den Stipendiat*innen Möglichkeiten und Räume zu eröffnen, um kreativ ihre eignen Persönlichkeiten und

Prof. Dr. Frederek Musall

Potenziale zu entwickeln; andererseits aber eben auch Sensibilitäten für die vielschichtigen intersubjektiven und gesellschaftlichen Kommunikations- und Aushandlungsprozesse zu entwickeln, in die sie eingebettet sind.

Als jüdisches Studienwerk nimmt bei ELES insbesondere die Aushandlung unterschiedlicher Selbstverortungen und -bestimmungen viel Raum ein. Doch hier zeigt sich, wie wenig in der Gegenwart eine bloße Reduzierung von Jüdischsein auf religiöse Bezugsmomente greift: Jüdischsein ist für viele junge Jüd*innen meistens etwas Hybrides, das eben unterschiedliche – familiäre, tribale, ethnische, nationale, religiöse, kulturelle, emotionale – Bezüge erlaubt und durch vielfältige Erfahrungsmomente und diverse Sozialisationen geprägt sein kann. Jüdischsein kann auf der einen Seite also vieles umfassen, was es aber auf der anderen Seite Außenstehenden nicht gerade einfach machen muss, dies entsprechend auch nachvollziehen zu können. Ja, es kann für diejenigen, die etwa bestimmte gemeinsame Erfahrungsmomente von Jüdischsein nicht teilen, durchaus irritierend sein, ganz egal ob es sich dabei um ZWSt-Machanot in Bad Sobernheim, Familie in Israel oder russische Veteranen-Großeltern handelt. ELES fungiert von daher zunächst als ein geschützter Gesprächsraum, in dem sich unterschiedliche Meinungen, Positionen und Selbstverständnisse jenseits ideologischer oder institutioneller Zuordnungen zueinander in Beziehung setzen und austauschen können über etwas Verbindendes, was so unterschiedlich verstanden und gelebt werden kann. Dies ermöglicht den Stipendiat*innen aber nicht nur, eine Sensibilität und Bewusstsein für innerjüdische Pluralität und Polyphonie zu entwickeln, sondern regt sie darüber hinaus oftmals auch zum Ergründen und Experimentieren neuer Formen eines pluralen jüdischen Miteinanders an.

IV.

ELES ist in den vergangenen Jahren zu einer wichtigen Artikulations- und Diskursplattform für junge Jüd*innen in Deutschland geworden, deren Strahl- und Anziehungskraft weit über den Rahmen des Studienwerks hinausreicht. Hier zeigt sich nun aber auch einer der Nachteile von Begabtenförderung, nämlich dass sie in ihren Zugangs- und Partizipationsmöglichkeiten beschränkt ist, während die angebotenen Programme auf ein sehr viel breiteres Interesse stoßen. Waren die letzten zehn Jahre insbesondere dem Aufbau und der nachhaltigen Konsolidierung des Studienwerks gewidmet, steht ELES nun vor neuen Herausforderungen, nämlich die Grenzen der eigenen Heterotopie zu durchbrechen und in andere Gesprächs- und Aushandlungskontexte hineinzuwirken, innerjüdisch wie gesamtgesellschaftlich. Erste Schritte hierzu sind seine Publikationen wie diese oder der Band *Erinnern*, der jüdisches Erinnern an die Schoah neu zu ergründen sucht. Vor allem ist es aber das Dialogperspektiven-Programm, das Weltanschauungen und Religionen miteinander in einen Dialog bringt.

Aber das vielleicht wichtigste Momente ist, dass die Stipendiat*innen und Alumni*ae selbst im Rahmen ihrer eigenen Möglichkeiten und Ressourcen initiativ und engagiert sind, Diskurse initiieren, und folglich ihre Ge-

sprächs- und Aushandlungsräume für andere öffnen, als
Multiplikator*innen, wenn man so will.

V.

Ohne Zweifel trägt ELES einen großen Anteil an der
verstärkten Sichtbarkeit der jungen und selbstbewussten jüdischen Generation in Deutschland. Aber damit
Sichtbarkeit und Selbstbewusstsein nicht in Selbstbezo-
genheit und Selbstgefälligkeit umschlagen, zu Spielarten
identitärer Bestimmungen oder zum Errichten von und
Einrichten in Nischen, Bubbles und Komfortzonen führen, bedarf es auch immer wieder Sensibilisierungen und
Räume für kritisch-konstruktive Selbstreflexion und den
Umgang mit eigenen Ungewissheiten.

Ja, wir brauchen diese junge selbstbewusste jüdische
Generation, die offen ihre Interessen und Bedürfnisse zu
artikulieren und zu vertreten vermag; die Konflikte im
Inneren wie im Äußeren nicht scheut; die sich nicht über
Ist-Zustände definieren und etablieren muss, sich nicht
einnehmen lassen muss, sondern auch eigene Wege zu be-
schreiten wagt; die sich als Teil eines dynamischen Aus-
handlungsprozesses dessen begreift, was ihr Jüdischsein
lokal wie global, innerjüdisch wie gesamtgesellschaftlich
bedeuten und zur Entfaltung und Geltung bringen kann.

ELES hat viele Stipendiat*innen dazu motiviert, ani-
miert und mit dem nötigen Antrieb ausgestattet – em-
powered, wie man auf Neudeutsch sagt –, um während
und auch nach ihrer Zeit im Studienwerk die jüdische
Gemeinschaft intellektuell und praktisch mitgestalten
zu wollen und zu können; aber die Stipendiat*innen und

Alumni*ae stehen damit auch in gewisser Weise in der Verantwortung, sich selbst als Katalysatoren des Studienwerks zu verstehen, was eben auch bedeutet, sich immer wieder aktiv in den Rahmen und das lebendige Bild einzubringen. Damit der Blick auf das Bild am Ende nicht mehr Andere/s nach dem Motto »All Eyez on Me/Us« ausblendet, sondern sich auf das komplexe, im Prozess befindliche und nicht immer spannungsfreie Bild fokussiert, was Detective Lester Freamon in der HBO-Serie *The Wire* treffend mit den Worten beschreibt: »We are building something here [...] All the pieces matter!«

VI.

Was ELES als Ermöglichungsstruktur bis hierhin geschafft hat, stimmt mich hoffnungsvoll optimistisch bezüglich gelebter jüdischer Vielfältigkeit, aber auch gesamtgesellschaftlicher Pluralität in Deutschland. Dass das Erreichte jedoch keineswegs so selbstverständlich ist, wie es auf den ersten Blick erscheinen mag, macht das zunehmende Erstarken und öffentliche politische Agieren populistischer Bewegungen hierzulande deutlich, die in ihrer weltanschaulichen Kritik liberaler Narrative Modelle pluraler Demokratie radikal infrage stellen. ELES bezieht als Teil der jüdischen Gemeinschaft in Deutschland hierzu Positionen, etwa in der Bildung neuer Allianzen, es wird aber aufgefordert sein, dies noch zu verstärken – in der Formulierung gemeinsamer Interessen und Ziele angesichts des Umgangs mit drängenden Herausforderungen.

Prof. Dr. Frederek Musall

Ferner wird sich ELES zunehmend mit der anstrengenden Gleichzeitigkeit unterschiedlicher Momente konfrontiert sehen: den steigenden Ansprüchen, Erwartungen und Forderungen, die von innen wie von außen an ELES herangetragen werden. Um diese neuen Herausforderungen bewältigen zu können, den Erwartungshaltungen gerecht werden zu können, bedarf es des zuvor erwähnten aktiven Einbringens aller beteiligten Akteur*innen, des kreativen Zusammenspiels von Bild und Rahmen.

VII.

Das bringt mich abschließend noch einmal zurück zum Eingangszitat. *Army of the Pharaohs* ist ein Underground-Hip-Hop-Kollektiv aus Philadelphia; der Song *Seven* bezieht sich auf die sieben MCs, die auf diesem Track hier versammelt sind: sieben MCs, sieben unterschiedliche Stimmen, sieben unterschiedliche Rap-Styles, sieben unterschiedliche Narrative – kollagenhaft arrangiert und doch im Flow. Um das zu erreichen, bedarf es einer besonderen Sensibilität bezüglich des Zu- und Hinhörens nicht nur auf den Beat, sondern eben auch aufeinander, auf die Worte, die Sprache, die Performanz des oder der anderen. Es ist ein Wechselspiel von unterschiedlich artikulierten Authentizitäten und Repräsentationen, aber eben auch von Widersprüchlichkeiten und Brüchen, was eindrucksvoll verdeutlicht, dass Polyphonie wie Pluralität kreativ zu einem echten Miteinander gestaltet werden können: »[...] combined into one frame«.

Dies soll keine Aufforderung dazu sein, dass ELES im Rahmen seiner Künstler*innenförderung DAGESH fortan bevorzugt angehende Hip-Hop-Künstler*innen begleitet. Aber es gibt noch eine weitere Analogie, die mir in diesem Zusammenhang wichtig erscheint: Hip-Hop-Techniken arbeiten kollagenhaft, sie greifen bereits Vorhandenes (Töne, Geräusche, Musikaufnahmen etc.) auf und setzen es mittels Sampling neu zusammen, was somit erlaubt, das Vorhandene entsprechend neu zu kontextualisieren und zu aktualisieren. Das ist die Fähigkeit, die ich mir für ELES wünsche: das Vorhandene immer wieder kreativ entsprechend aneinandernehmen und zusammensetzen, interpretieren, kontextualisieren, aktualisieren zu können, um dadurch einen Beat zu finden, in den unterschiedlichste Stimmen und Narrative einstimmen können.

Prof. Dr. Frederek Musall

»Echte Juden« und die deutsche Bildungslandschaft

Carmen Reichert

[handschriftlich: 2013 – 2017 ELES – Stipendiaten]

»Ein jüdisches Förderwerk! Wie schön, dass es das (endlich) gibt!« – Dann folgt: entweder eine lange Rede über das Glück, dass es wieder jüdisches Leben in Deutschland gibt, oder – und das ist mir deutlich lieber – viele Fragen. Fragen über das Förderwerk, Fragen über das Judentum im Allgemeinen, über Juden in Deutschland im Besonderen. Manchmal entstehen schöne Gespräche, manchmal wird es anstrengend. Gerne erzähle ich über jüdische Kultur, Religion, Geschichte und über das Land Israel.

Dass ich selbst nicht jüdisch bin, erleichtert manchen das Fragen. Man fühle sich freier und unbefangener, sagt man mir, habe keine Angst, was Falsches zu sagen (was wäre das?). Nicht selten aber begegnet mir die unverhohlene Enttäuschung des Fragenden – »Ach schade. Ich wollte doch endlich mal einen echten Juden kennenlernen.« Tja, denke ich dann: Musste dir halt einen anderen Prototyp-Juden resp. -Jüdin suchen. Tut mir nicht leid, dass du jetzt überlegen musst, wie du mich und was ich dir bisher erzählt habe, jetzt findest, wo ich in deiner Vorstellung keine Jüdin mehr bin.

Nicht so gerne habe ich es auch, wenn die Erwähnung eines jüdischen Begabtenförderwerkes ausreicht, eine Debatte über den Nahostkonflikt loszutreten. »Was die Israelis da in Palästina ...!« Da denke ich dann mit Nostalgie an die gute alte Studienzeit, in der ich als Konrad-Adenauer-Stipendiatin Reaktionen zwischen »Ach echt? Du wirkst gar nicht so konservativ!« und gelangweiltem Nicken erntete. Anders beim ELES: »Ja, die Juden sind ja ein besonders intelligentes Volk«, höre ich und übe mich dann in dem, was ich die *Brenner-Strategie* nenne, benannt nach dem gleichnamigen Professor für jüdische Kultur und Geschichte: ruhig bleiben und in aller Freundlichkeit mit historischen Fakten werfen. Ausgerechnet ein Promovierender in jüdischer Geschichte sagte mir, als er erfährt, dass ich vom ELES gefördert werde: »Ach, dann hast du jetzt ja ausgesorgt.« Und auf mein aufrichtiges »Häh?«: »Na, bei den Juden ist doch immer Geld, wenn die dich einmal fördern, ist deine Karriere doch gebongt.« Da weiß ich gerade seit einigen Tagen, dass ich aufgenommen bin und bin auf solche Momente echt nicht vorbereitet.

Später habe ich mir dank meiner Mitstipendiat*innen noch andere Taktiken angeeignet. Die *Sasha-Richard-Strategie* zum Beispiel, die dunkelgrünen bis tiefschwarzen Humor erfordert und in jedem Falle dazu rät, offensiv zu sein. Das Projekt *Rent a Jew* (Kennen Sie einen Juden? Nein?! Mieten Sie einen!) verkörpert diese Strategie par excellence. Die *Benny-Strategie*, die es erlaubt, auch die

Carmen Reichert

ein oder andere minderschwere Faktenverdrehung stillschweigend hinzunehmen, wenn es dadurch gelingt, das Gegenüber zumindest für die größere Sache zu gewinnen.

Die Passsagen über den Antisemitismus haben sich übrigens ganz gegen den Willen der Autorin in den Text geschlichen. Vielleicht liegt es daran, dass das Thema nach dem Überfall auf einen arabischen Israeli in den Tagen, an denen ich diesen Text schreibe, in aller Munde ist. Interessant ist es schon, dass ausgerechnet ein nichtjüdischer Kippaträger eine Solidaritätswelle auslöst, von der wir sonst nur träumen konnten. Es kann an der Dichte der Berichterstattung über antisemitische Ereignisse in den letzten Wochen und Monaten liegen. Es könnte aber auch das Günter-Wallraff-Syndrom sein: Die Reportage des weißen Mannes, der sich schwarz schminkte, um den Rassismus in Deutschland zu dokumentieren, schaffte eine Aufmerksamkeit für das Problem, das schwarze Bürgerinitiativen oder Berichterstattung über rassistische Gewalttaten nie erreicht hätten. Vielleicht habe ich die Passagen auch deshalb stehen lassen, weil sich ein Rückblick auf die letzten Jahre des noch so jungen Förderwerkes ELES nicht schreiben lässt, ohne den Umstand des Besonders- und Andersseins zu thematisieren, zu dem die Begegnung mit Ressentiments eben auch gehört.

In der Zeit als stipendiatische Sprecherin habe ich die Bundeskanzlerin, den damaligen Außenminister Frank-Walter Steinmeier und Staatsministerin Monika Grütters getroffen. Mein späterer Mit-Gesamtsprecher war im Schloss Bellevue geladen, und nach meiner Zeit haben die Stipendiat*innen auf ihrem Seminar in Israel Steinmeier in seiner neuen Rolle als Bundespräsident getroffen. Obwohl die KAS CDU-nah ist, gab es während meiner Zeit dort als Stipendiatin nur eine Gelegenheit, die Kanzlerin zu treffen: als die journalistische Nachwuchsförderung dreißig Jahre alt wurde. Diese Aufmerksamkeit durch die deutsche Politik zeigt, wie wichtig dem Staat das gute Verhältnis zur jüdischen Gemeinschaft ist. Es zeigt aber gerade durch diese große Aufmerksamkeit, wie wenig selbstverständlich es ist, dass es dieses jüdische Förderwerk gibt.

Hauptsache jüdisch

Wer und was ist überhaupt jüdisch? Diese alte Frage betrifft jede Generation neu und stellt sich auch in unserem Förderwerk. Das ELES, das ja keine religiöse Institution, sondern eine Bildungseinrichtung ist, nimmt Stipendiatinnen und Stipendiaten auf, die sich als jüdisch verstehen – ob sie einen jüdischen Elternteil haben oder konvertiert sind (gleich, beim wem), spielt keine Rolle, es wird nicht gefragt. Die zweite Möglichkeit, in das Förderwerk aufgenommen zu werden, ist über die Arbeit an jüdischen Dissertationsthemen – wie in meinem Fall. In dieser Heterogenität treffen sich die Regionalgruppen und finden unsere Seminare statt. Viele bringen von ihren Familien feste Vorstellungen mit, wie Feste und Gebete abzulaufen haben – und wieder andere, ob aus jüdischen Familien stammend oder nicht, feiern beim ELES ihren ersten Shabbat.

Carmen Reichert

Weil viele mit wenig jüdischer Religionspraxis kommen und die übrigen aus den unterschiedlichsten Gemeinden die unterschiedlichsten Melodien und Textvarianten mitbringen, beten wir mit Regieanweisungen und Fußnoten. Die Rabbiner wählen eingängige Melodien, die jede*r nach wenigen Seminaren einigermaßen beherrscht, und sie erklären jedes Mal einen Abschnitt aus dem Gebet. »Was passiert mit der Seele in der Nacht, und warum wird der Shabbat als Königin begrüßt? Warum verbeugt man sich bei der Amida? Warum bringt der Dienstag besonderen Segen, und weshalb wird an den Wochentagen montags und donnerstags aus der Tora gelesen?«

In den Regionalgruppen treffen wir uns meist ohne Rabbiner zu kulturellen Veranstaltungen, zu Vorträgen, Lernzirkeln oder Filmabenden. Einmal im Semester aber feiern wir mindestens zusammen Shabbat. Wir gehen dazu in die lokalen Gemeinden, laden einen ELES-Rabbiner ein, oder Stipendiat*innen leiten das Gebet. Wie auch bei den Seminaren geht das nicht immer ohne Diskussionen und manchmal auch Konflikte im Vorfeld. Wie sitzt man, wenn die einen nach Geschlecht getrennt und die anderen gemischt sitzen möchten? Welchen Siddur verwendet man? Wie koscher muss das Essen sein? Für manches finden wir ganz pragmatische Lösungen, wie für das Sitzen: auf der einen Seite die Männer, auf der anderen die Frauen und in der Mitte diejenigen, die gemischt sitzen wollen. Für anderes wird es schwieriger: In einer Regionalgruppe scheitert ein Grillfest daran, dass unser Kooperationspartner und eine Stipendiatin nur fleischiges Essen zulassen wollen – und die Opposition der Vegetarier*innen nicht auf ihr Käseschnitzel (auf getrenntem Grill, versteht sich) verzichten will.

Egal wie wir für das ELES entscheiden, unsere Entscheidungen laufen immer Gefahr, auch nach außen anzuecken – in der jüdischen Community, aber auch außerhalb und manchmal beides. In meiner Zeit als Gesamtsprecherin eskaliert in einer Regionalgruppe der Streit darüber, ob eine als interreligiöse Veranstaltung geplante Shabbatfeier im Haus einer christlichen Studierendenorganisation stattfinden kann. In der Diskussion spielen theologische Argumente überhaupt keine Rolle, und so hat auch der durchführende orthodoxe Rabbiner kein Problem mit der Ortswahl. Es geht vielmehr darum, ob man durch die Veranstaltung seinen Ruf in der eigenen Gemeinde verlieren könnte. Plötzlich wird ein lokaler Streit, der zwischen den ortsansässigen Gemeinden besteht, so diskursprägend, dass die Veranstaltung erst nach Mediation durch die Gesamtsprecher*innen und die Geschäftsstelle stattfinden kann.

Streitfälle zwischen und in jüdischen Gemeinden sind leider kein Einzelfall, wenngleich es die Ausnahme ist, dass ein solcher Konflikt zwischen ELES-Stipendiat*innen ausgetragen wird. Meist ist es eher so, dass die Probleme in den Heimatgemeinden mit den Mitstipendiat*innen besprochen werden und dieser Austausch mehr dazu beiträgt, Probleme zu lösen als neue zu schaffen. Die Situation der Gemeinden ist immer wieder Thema auf unseren Seminaren. Sie hat zum einen natürlich damit zu tun, dass die Gemeinden nicht – wie etwa im Katholizismus – hierarchisch, sondern auf mehr oder weniger klare

Carmen Reichert

Art »demokratisch« organisiert sind. Der Rabbiner/die Rabbinerin wird gewählt und ist vom Vertrauen der Gemeinde abhängig, notfalls kann jeder Gottesdienst auch ohne ihn/sie durchgeführt werden. Zum anderen schafft aber auch der große Druck von außen erhebliches Konfliktpotenzial. Oft geht es gar nicht um rituelle Differenzen oder diese sind nur Auslöser, wenn eigentlich Machtfragen verhandelt werden: Wer hat die Deutungshoheit, auch in den Augen der nichtjüdischen Umgebung? Wer oder welche Fraktion bekommt den wichtigen Posten? Wie ich aus meinem katholischen Hintergrund weiß, finden ganz ähnliche Machtspiele auch in Pfarrgemeinden statt. Nur: da interessiert es eben niemanden außerhalb der Gemeinde.

Die Frage »Wie wollen wir als Juden gesehen, wie wollen wir verstanden werden?« ist auch deshalb so virulent, weil in der Öffentlichkeit oft kein Platz ist für Differenzierung. Je kleiner die Minderheit, desto eher scheint die Mehrheit dazu zu neigen, den Prototyp des einen Kontakts mit einer jüdischen Gemeinde oder Person für das Ganze nehmen zu wollen. Entsprechend groß ist der Druck auf die, die in der Öffentlichkeit stehen – denn mit denen werden im Zweifelsfall alle anderen in Verbindung gebracht.

Für das ELES, in dem die junge Generation Jüdinnen und Juden aus ganz Deutschland vertreten ist, heißt das, dass viele sehr genau verfolgen, was der Zentralrat, was Mit-Stipendiat*innen und auch, was Mitglieder des ELES-Beirats in der Öffentlichkeit äußern. Artikel werden in den sozialen Medien geteilt und diskutiert, sind

Gesprächsthema bei unseren Treffen. Meist finden diese Debatten in der Halböffentlichkeit einschlägiger Kommunikationsmedien statt; nur wenn wir uns allzu falsch dargestellt fühlen, greifen wir zur Tastatur und melden uns öffentlich zu Wort. Eine Aufgabe, die in den letzten Jahren zunehmend die – auch aus dem Kreis unserer Stipendiat*innen – neu gegründete Jüdischen Studierendenunion Deutschlands übernommen hat.

Mit der stipendiatischen Initiative Hillel öffnet sich unser Kreis in der regionalen Arbeit auch für Nichtstipendiat*innen. Die Möglichkeit, mit Gleichaltrigen gemeinsam über jüdische Religion, Kultur und Geschichte mehr zu lernen in einem Raum, in dem jede*r so angenommen wird, wie er ist, so finden wir, sollte nicht dem Kreis der ELESianer vorbehalten bleiben. Gerade in kleinen Regionalgruppen freuen wir uns, dass auf diese Weise genug Teilnehmer*innen für einen Minyan zustande kommen oder es sich eben lohnt, eine prominente Referentin einzuladen. Durch dieses Engagement kommen wir auch in Kontakt mit der amerikanischen jüdischen Welt, von der wir manche Methode und Haltung lernen.

Umgekehrt hat Hillel in den USA großes Interesse am Aufbau von Hillel-Strukturen in Deutschland. Als eine Delegation nach Berlin kommt, bemühen wir uns, das Judentum in unserem Land in seinem Pluralismus darzustellen. Eine der Delegierten hat es sich zur Aufgabe gemacht, eine qualitative Befragung durchzuführen, die zum Ziel hat, herauszufinden, wie junge Juden und Jüdinnen in Deutschland ihre Identität begründen. Wie es der Zufall will, fragt sie als Erstes einen schwulen Stipendiaten und dann eine lesbische Stipendiatin, dann komme ich an die Reihe: »Carmen, is it important for you that your girlfriend or wife is Jewish?« – »Nun ja«, antworte ich, »ich finde es schon gut, dass mein Freund eine jüdische Mama hat. Es ist immer gut, wenn wenigstens ein Partner jüdisch ist.« Von da an beginnt sie ihre Umfrage mit der Frage: »Are you Jewish?«

Hauptsache Schnaps

Es mag von außen kurios erschienen sein, dass die Studierenden und Promovierenden des Ernst Ludwig Ehrlich Studienwerkes ausgerechnet eine Nichtjüdin zu ihrer Sprecherin wählten. Von innen war es das nicht. Zum Regionalgruppensprecherinnenamt kam ich, wie man zu jedem (Ehren-)Amt auf dieser Welt kommt: mit den falschen Leuten Schnaps getrunken und nicht rechtzeitig weggeduckt. Wie genau es dazu kam, dass ich Gesamtsprecherin wurde, kann ich gar nicht sagen. Ich radelte, als der stipendiatische Rat tagte, durch Japan. Den Berichten meiner Wähler*innen zufolge hat sich jedoch niemand für dieses Detail meiner Identität interessiert, das in der Sowjetunion als »fünfter Punkt« (nach dem Eintrag der Nationalität im Pass, Jüdischsein ist dort eine nationale, keine religiöse Zugehörigkeit) so manche Karriere bremste.

Dass Nichtjuden für Juden sprechen können, gehört zu den Paradoxa postholocaustischer bundesrepublischer Identität, die wahrscheinlich etwas mit der Unmöglichkeit zu tun haben, mit dem Holocaust als Erbe zu leben. Aus der Zeit vor der Schoah sind mir jedenfalls keine Versuche bekannt, in denen sogenannte jüdische Museen mit ausschließlich nichtjüdischen Mitarbeiter*innen oder Leute, die sich irgendwie jüdisch fühlten, sich aber nicht die Mühe machten zu konvertieren, in die Öffentlichkeit stellten und behaupteten, für die jüdische Gemeinschaft in Deutschland zu sprechen. Mit Ausnahme vielleicht von Paula Buber, die 1901 ihre »Betrachtungen einer Zionistin« publizieren wollte und sich dann doch dazu überreden ließ, daraus doch besser die »Betrachtungen einer Philozionistin« zu machen. Sie ist später zum Judentum konvertiert, um sich wieder ausgiebig mit dem Christentum zu befassen.

Die sogenannte »jüdische Renaissance«, der jungjüdische Kreis um Martin Buber zu Beginn des 20. Jahrhunderts, hat manche unübersehbare Parallele mit dem, was wir seit den 1990ern in Deutschland beobachten können und dann doch wieder nicht: junge Menschen, die sich dem Judentum wieder annähern, das ihre Eltern oder z. T. Groß- und Urgroßeltern abgelegt oder nur noch teilweise gepflegt haben, das Aufblühen neuer Vereine und Organisationen, das Erscheinen von Periodika und Büchern, die um die Frage der jüdischen Identität(en) kreisen. Anders als den deutschen Kulturzionist*innen der Jahrhundertwende zum 20. Jahrhundert aber fehlt uns die Naivität, mit der man vor den großen Katastrophen des Jahrhunderts an die Zukunft, an den Humanismus und an die eigene Kraft glauben konnte.

Carmen Reichert

Es ist nicht das unter Hitler verlorene Judentum, das da in irgendeiner komischen Weise wiedergeboren wird. Es ist ein neues Judentum, das ohne die Zuwanderung nicht denkbar ist, das auch dank vieler Konvertitinnen und Konvertiten stärker und in der deutschen Gesellschaft präsenter geworden ist. Das – wie unsere Gesellschaft insgesamt – viel internationaler verbunden ist und inzwischen seinen wichtigen Platz innerhalb der europäischen jüdischen Gemeinschaften behauptet. Es ist ein Judentum, in dem die Erinnerung an die Ermordeten zu einem wichtigen Teil der kollektiven Identität geworden ist. Ein Judentum, das sein Selbstbewusstsein nicht aus Verdiensten um die deutsche Kultur und nicht aus Hoffnung auf bessere Zeiten schöpft. Das Wissen um den Staat Israel ist eine wichtige, aber gewiss nicht die einzige Quelle für ein neues Selbstbewusstsein, das sich – gerade in der jungen Generation – aus Opfernarrativen und anderen zugeschriebenen Rollen zu befreien sucht.

Und so gehört zu dieser jüdischen Jugendkultur eine gute Portion Popkultur, die sich nur in wenigen, aber nicht unerheblichen Details von der allgemeinen Popkultur unterscheidet. Sie reicht von Coen-Brother-Filmen bis zu Theodor-Herzl-Powerfiguren, schließt amerikanische Serien und Musiker*innen ebenso ein wie Tel Aviver Marotten und natürlich Hummus. Und vielleicht auch: Schnaps, und um genau zu sein, Whisky. Der schmeckt nicht nur, sondern ist – im Gegensatz zum Wein – mit beinahe allen Ernährungsgewohnheiten kompatibel. Immer vegan, fast immer glutenfrei und an den meisten Tagen des Jahres koscher.

Abends, wenn wir nach den Seminaren zusammensitzen und die Themen des Tages langsam abebben, kommt die große Zeit der ELES-Rabbiner. Die Zeit zu erzählen, die Zeit zuzuhören. Die Zeit, Fragen zu stellen, die man bei Tag nicht stellt, und die Zeit, über Antworten zu lachen, die bei Tageslicht betrachtet vielleicht doch gar nicht so komisch sind.

In den gut drei Jahren, in denen ich Stipendiatin beim ELES war, ist das ELES ganz schön erwachsen geworden. Es hat – mit der Gründung des muslimischen Förderwerkes Avicenna – seinen Nachzüglerstatus verloren und ist nun nicht mehr allein Exot unter den Förderwerken. Es ist nicht mehr das einzige Förderwerk mit nichtchristlicher Mehrheit, in dem Stipendiat*innen ohne Migrationshintergrund eine Rarität sind. Inzwischen haben wir auch das, was den anderen Werken selbstverständlich ist: Altstipendiat*innen, etablierte Strukturen der stipendiatischen Mitbestimmung, ein breites Netz von Vertrauensdozent*innen, eine aktive und flächendeckende Regionalgruppenarbeit usw. Geld haben wir, im Vergleich zu den Großen, immer noch nicht. Aber wir haben uns und wir haben Schnaps und das reicht, um zu sagen: Wie schön, dass es das ELES gibt.

Carmen Reichert

Über die Autor*innen

SANDRA ANUSIEWICZ-BAER, geboren 1974 in Dresden, studierte Erziehungswissenschaften, Judaistik und Islamwissenschaften in Berlin und Haifa sowie Kulturmanagement in Hamburg. Die ehemalige Bildungsreferentin und Leiterin der Kulturabteilung der Jüdischen Gemeinde zu Berlin war Mitbegründerin des ersten jüdischen Elternmagazins im deutschsprachigen Raum, »Familienmentsch«. Ihre Dissertation untersuchte an ausgewählten Absolventen des Jüdischen Gymnasiums in Berlin, welche Bedeutung eine jüdische Schulbildung hatte. Die Arbeit wurde vom Ernst Ludwig Ehrlich Studienwerk gefördert und mit dem Humboldt-Preis in der Kategorie »Judentum und Antisemitismus« ausgezeichnet. Anusiewicz-Baer ist Koordinatorin des Zacharias Frankel College für die Ausbildung von Masorti Rabbiner*innen.

MAX CZOLLEK, geboren 1987 in Berlin ist promovierter Politikwissenschaftler, Lyriker und Mitherausgeber des Magazins Jalta – Positionen zur jüdischen Gegenwart. Förderung von der Studienstiftung des Deutschen Volkes 2007–2012 und dem Ernst Ludwig Ehrlich Studienwerk 2012–2015. Gemeinsam mit Sascha Maria Salzmann initiierte er den Desintegrationskongress und die Radikalen Jüdischen Kulturtage im Maxim Gorki Theater Berlin, Studio Я. Seit 2013 Kurator des internationalen Lyrikprojektes Babelsprech zur Vernetzung junger deutschsprachiger und internationaler Lyrik. Im Verlagshaus Berlin erschienen die Gedichtbände

»Druckkammern« (2012) und »Jubeljahre« (2015). Im Carl Hanser Verlag München erschien 2018 das Sachbuch »Desintegriert Euch!«.

BENJAMIN FISCHER, geboren 1990 in Hamburg. Studierte Recht an der Bucerius Law School und Politikwisschaften an der Universität Hamburg. Zwischen 2010 und 2015 war er Stipendiat des Ernst Ludwig Ehrlich Studienwerks und später Sprecher der Stipendiat*innenschaft. Auch für sein Engagement wurde er mit der Ernst-Ludwig-Ehrlich-Studienmedaille ausgezeichnet. Von 2015–2017 war er Präsident der European Union of Jewish Students in Brüssel und ist seit 2017 als Consultant für den European Jewish Congress.

CECILIA HAENDLER, 1988 in Florenz geboren, promoviert an der Freien Universität Berlin über die geschlechtsspezifische metaphorische Sprache in rabbinischer-tannaitischer Literatur, mit der Unterstützung eines Stipendiums vom Ernst Ludwig Ehrlich Studienwerk. Sie schreibt auch für die Reihe *A Feminist Commentary on the Babylonian Talmud*. Beim »Nishmat Center for Advanced Torah Study for Women« in Jerusalem hat sie 2015 ein Sommerprogramm absolviert und 2018 einen Podcast über Traktat Para in der Mischna für die Reihe #YourTorah (von der Jewish Orthodox Feminist Alliance, UK) produziert.

YAIR HAENDLER, 1982 in Israel geboren, hat in Florenz und Rom Neuphilologie studiert, und später an der Universität Potsdam im Bereich der kognitiven Wissenschaft promoviert, wobei er Sprachentwicklung bei Kindern erforscht hat. In Berlin war er 2013–2016 Stipendiat des Ernst Ludwig Ehrlich Studienwerks, und zusammen mit Cecilia Initiator eines Tora-Lesekreises und des Hillel-Deutschland-Projektes *Tora on Tour*. Seit 2017 arbeitet er tagsüber an der Université Paris Diderot als experimenteller Sprachwissenschaftler und lernt abends Talmud und Halacha am Kollel Ohalei Yaakov in Paris.

Tobias Herzberg, geboren 1986 in Hamburg, studierte Regie an den Theaterhochschulen in Hamburg und Zürich. Von 2011 bis 2014 war er Stipendiat des Ernst Ludwig Ehrlich Studienwerks. Seit 2016 ist er Dramaturg am Maxim Gorki Theater Berlin. Zum Beginn der Spielzeit 2017/18 übernahm er zudem die künstlerische Leitung der hauseigenen Experimentierbühne Studio Я.

Dr. Klaus Lederer, geboren 1974 in Mecklenburg, verbrachte seine Kindheit und frühe Jugend in Frankfurt an der Oder. Nach dem Ende der DDR engagierte er sich in linken Jugendverbänden und seit 1992 in der Partei des demokratischen Sozialismus (PDS). Sein Studium der Rechtswissenschaften bis zur Promotion zum Dr. jur. an der Juristischen Fakultät der Humboldt-Universität zu Berlin, die Arbeit in der PDS und für sie in der Kommunalpolitik füllten seine 1990er Jahre. Im Dezember 2005 wurde Klaus Lederer zum Landesvorsitzenden der LINKEN in Berlin gewählt. Er blieb an der Spitze des Landesverbandes bis zum Dezember 2016. Von 2003 bis Januar 2017 war Dr. Lederer Mitglied der Linksfraktion im Abgeordnetenhaus, dem Parlament des Bundeslandes Berlin und dort rechtspolitischer Sprecher der Fraktion DIE LINKE. Seit Dezember 2016 ist Dr. Klaus Lederer Bürgermeister und Senator für Kultur und Europa in Berlin.

IGOR MITCHNIK, geboren 1991 in Leningrad. Studierte Sozialwissenschaften im Bachelor in Düsseldorf und Politics and Security in London und Tartu. Von 2012 bis 2016 war er Stipendiat des Ernst Ludwig Ehrlich Studienwerks, ab 2016 Stipendiat des Sonderprogramms der Studienstiftung des deutschen Volkes »Metropolen in Europa«. Nach zahlriechen akademischen und professionellen Aufenthalten in Ost- und Mitteleuropa ist er derzeit Mercator-Fellow.

FREDEREK MUSALL, geboren 1973, ist Professor für Jüdische Philosophie und Geistesgeschichte an der Hochschule für Jüdische Studien in Heidelberg. In seiner Forschung beschäftigt sich Musall u. a. mit Jüdischer Philosophie, insbesondere in ihren Beziehungen zu arabisch-islamischem Denken und der Geschichte der Juden in der arabisch-islamischen Welt. Musall ist unter anderem Beiratsmitglied des Ernst Ludwig Ehrlich Studienwerks und engagiert sich als wissenschaftlicher Koordinator für das Programm »Dialogperspektiven. Religionen und Weltanschauungen im Gespräch«.

OLGA OSADTSCHY, geboren 1985 in Kiew, lebt seit 1996 in Deutschland. Sie hat einen B. A. in Medienkultur an der Bauhaus Universität Weimar 2011 erlangt und schloss ein Studium der Kulturwissenschaft an der Humboldt-Universität zu Berlin an. Der M. A. wurde vom Ernst Ludwig Ehrlich

Studienwerk gefördert und 2014 abgeschlossen. Gegenwärtig arbeitet sie an einer Dissertation zur ethnografischen Fotografie am eikones Zentrum für die Theorie und Geschichte des Bildes, Universität Basel. Seit September 2016 ist Olga Osadtschy Assistenzkuratorin am Kunstmuseum Basel.

HANNAH PEACEMAN, geboren 1991, studierte Philosophie, Politikwissenschaften und Gender Studies in Marburg, London, Frankfurt und Jena. Sie promoviert am Max-Weber-Kolleg in Erfurt zu dem Thema »Jüdische Kritiken der Aufklärung im 19. Jahrhundert und ihre Potentiale für die politische Philosophie der Gegenwart«. Von 2010 bis 2016 war sie Stipendiatin des Ernst Ludwig Ehrlich Studienwerks. Sie ist Mitbegründerin und Mitherausgeberin der Zeitschrift *Jalta – Positionen zur jüdischen Gegenwart.*

CARMEN REICHERT, geboren 1985 in Augsburg, ist seit 2018 wissenschaftliche Mitarbeiterin an der Universität Augsburg. Sie hat ihre Doktorarbeit zum Thema »Jüdische Selbstbilder in deutsch- und jiddischsprachigen Lyrikanthologien von der Jahrhundertwende bis zur Schließung der jüdischen Verlage« im Rahmen des internationalen Graduiertenkollegs »Religiöse Kulturen in Europa im 19. und 20. Jahrhundert« an der LMU München abgeschlossen. Von 2013 bis 2017 war sie Stipendiatin des Ernst Ludwig Ehrlich Studienwerkes. Während ihres Studiums der Romanistik, Germanistik und jüdischen Geschichte wurde sie von der Konrad-Adenauer-Stiftung (Journalistische Nachwuchsförderung) gefördert. 2012 schloss sie ihr Studium mit dem Ersten Staatsexamen in Deutsch und Französisch ab.

MEITAL ROZENTAL, geboren 1984 in Haifa. Lebt in Berlin
seit 2011. Sie hat einen Bachelor-Abschluss in Psychologie
und Medien und Kommunikation von der Hebrew University in Jeruslaem und einen Master-Abschluss in Soziokultu-
relle Studien mit Schwerpunkt auf Migration und Ethnizität von der Europa-Universität in Frankfurt (Oder). Sie war
zwischen 2015–2017 ELES-Stipendiatin. Ihre berufliche Erfahrung umfasst Forschung und Projektmanagement in den
Bereichen Menschenrechte, Migration und Integration, Dokumentarfilm, Sozialpsychologie und Anthropologie sowie
interkulturelle Gruppenförderung.

YAN WISSMANN, geboren 1992 in Brasilien, lebt seit
2015 in Deutschland. Er studierte Staatswissenschaften in
Belo Horizonte mit Aufenthalt in Potsdam sowie Politikwissenschaft an der Freien Universität Berlin. Sein Schwerpunkt liegt auf Wirtschaftspolitik, insbesondere in Latein-
amerika und Entwicklungsländern. Seit 2015 ist er Stipendiat des Ernst Ludwig Ehrlich Studienwerks, wo er derzeit
das Amt des Gesamtsprechers innehat.

GRETA ZELENER, geboren 1990 in Odessa. 1996 emigrierte
sie mit ihrer Familie nach Berlin, wo sie seitdem lebt. Als Stipendiatin des Ernst Ludwig Ehrlich Studienwerks studierte
sie Betriebswirtschaftslehre im Bachelor an der Freien Universität Berlin. Es folgten zahlreiche Praktika im betriebs-
wirtschaftlichen und pädagogischen Bereich. 2018 beendete
sie ihren Master in »Erwachsenenbildung/Lebenslanges
Lernen« an der Humboldt-Universität zu Berlin. Ihr For-
schungsschwerpunk liegt in der jüdischen Erwachsenenbildung im 21. Jahrhundert.

Über die Herausgeber

RABBINER WALTER HOMOLKA, geboren 1964 in Landau an der Isar. Studium in München, London, Lampeter und Leipzig. Promotion am King's College London 1992, Ordination zum Rabbiner 1997, »Doctor of Humane Letters« des Hebrew Union College – Jewish Institute of Religion New York 2009, Promotion an der University of Wales Trinity St. David 2015. Seit 2014 ordentlicher Universitätsprofessor für Jüdische Religionsphilosophie der Neuzeit mit Schwerpunkt Jüdische Denominationen und interreligiöser Dialog. Er ist Geschäftsführender Direktor der School of Jewish Theology der Universität Potsdam, Direktor des Ernst Ludwig Ehrlich Studienwerks, Chairman der Leo Baeck Foundation und Rektor des Abraham Geiger Kollegs an der Universität Potsdam. 2017 wurde er Vorsitzender der Union progressiver Juden in Deutschland KdöR.

JONAS FEGERT, geboren 1990 in Berlin. Studierte Politikwissenschaft, Governance und Public Policy in Berlin, Friedrichshafen und Porto Alegre. Er war Stipendiat des Ernst Ludwig Ehrlich Studienwerks und der BMW FoundationHerbert Quandt. Seit 2014 arbeitet er als Referent für das Ernst Ludwig Ehrlich Studienwerk und ist dort maßgeblich am Aufbau von Initiativen und Strukturen des Studienwerks beteiligt. So koordinierte er für die New York University und ELES 2016 das Projekt NYU Bronfman Global.

JO FRANK, geboren 1982 in Marburg an der Lahn. Er studierte Anglistik, Amerikanistik, Gräzistik und Holocaust

Communication in Berlin. Seit 2008 ist er Geschäftsführer des Ernst Ludwig Ehrlich Studienwerks. Darüber hinaus leitet er das Programm »Dialogperspektiven. Religionen und Weltanschauungen im Gespräch« und ist Interimsgeschäftsführer von Hillel Germany. Er ist zudem Mitbegründer und Lektor des Verlagshaus Berlin, künstlerischer Leiter des Zeitkunst Festivals für Musik und Literatur der Gegenwart und multilingualer Autor. 2017 erschien sein letzter Band, SNACKS, bei der Edition Atelier, Wien.